Christian Kümmritz

Privatisierung öffentlicher Unternehmen:
Ausschreibungspflichten bei der Veräußerung staatlichen Anteilsvermögens nach europäischem Vergabe- und Beihilfenrecht

IGEL Verlag

Kümmritz, Christian
Privatisierung öffentlicher Unternehmen:
Ausschreibungspflichten bei der Veräußerung staatlichen Anteilsvermögens nach europäischem Vergabe- und Beihilfenrecht

1. Auflage 2009 | ISBN: 978-3-86815-247-0

© IGEL Verlag GmbH , 2009. Alle Rechte vorbehalten.

Die Deutsche Bibliothek verzeichnet diesen Titel in der Deutschen Nationalbibliografie. Bibliografische Daten sind unter http://dnb.ddb.de verfügbar.

Dieses Fachbuch wurde nach bestem Wissen und mit größtmöglicher Sorgfalt erstellt. Im Hinblick auf das Produkthaftungsgesetz weisen Autoren und Verlag darauf hin, dass inhaltliche Fehler und Änderungen nach Drucklegung dennoch nicht auszuschließen sind. Aus diesem Grund übernehmen Verlag und Autoren keine Haftung und Gewährleistung. Alle Angaben erfolgen ohne Gewähr.

IGEL Verlag

Inhaltsverzeichnis

Abkürzungsverzeichnis	III
A. Einleitung und Problemstellung	1
B. Begriff und Arten der Privatisierung	4
I. Formelle Privatisierung	4
II. Funktionale Privatisierung	5
III. Materielle Privatisierung	6
IV. Kooperationsmodelle (PPP)	8
C. Rechtlicher Rahmen	9
I. Europäisches Primärrecht	9
II. EG-Beihilfenrecht	10
III. Vergaberecht	12
IV. Kommissionsmitteilungen	14
1. XXIII. Wettbewerbsbericht 1993	16
2. Grundstücksmitteilung	16
3. Mitteilung der Kommission vom 1.8.2006	17
V. Verfassungsrecht	18
VI. Kartellrechtliches Diskriminierungsverbot	19
VII. Haushaltsrecht	21
D. Ausschreibungspflichten nach dem Vergaberecht	22
I. Persönlicher Anwendungsbereich	22
II. Sachlicher Anwendungsbereich	23
1. Gründung einer Gesellschaft des Privatrechts	24
a) In-House-Vergabe	25
aa) Kontrollkriterium	26
bb) Wesentlichkeitskriterium	27
cc) Dauerhaftigkeitskriterium	28
b) Zwischenergebnis	28
2. Veräußerung von Geschäftsanteilen	29
a) Veräußerung ohne eingekapselte Aufträge	29
b) Veräußerung mit eingekapselten Aufträgen	31
aa) Umgehungssachverhalte	33
i. Stadt Mödling	33
ii. Verallgemeinerung	35
bb) Ausschreibungspflichten ohne engen zeitlichen Zusammenhang	37
i. Grundsätzliche Nichtanwendbarkeit des Vergaberechts	38
ii. Generelle Ausschreibungspflicht	40
iii. Differenzierende Betrachtung	41
iv. Eigener Standpunkt	42

	3. Zwischenergebnis	45
III.	Erreichen der Schwellenwerte	45
IV.	Keine normierten Ausnahmen	48
V.	Zwischenergebnis	49
E.	**Rechtsfolgen unterlassener Ausschreibungen nach dem Vergaberecht**	**50**
F.	**Ausschreibungspflichten nach dem EG-Beihilfenrecht**	**52**
I.	Anteilsveräußerung über die Börse	53
II.	Strukturierte Bieterverfahren	55
	1. Bank Burgenland	55
	2. Ausgestaltung strukturierter Bieterverfahren	58
	a) Offener, transparenter und bedingungsfreier Ausschreibungswettbewerb	60
	aa) Offenheit	61
	bb) Transparenz	64
	cc) Bedingungsfreiheit	67
	b) Veräußerung an den Meistbietenden	69
III.	Unabhängiges Wertgutachten	72
IV.	Zwischenergebnis	76
G.	**Rechtsfolgen unterlassener Ausschreibungen nach dem EG-Beihilfenrecht**	**78**
I.	Verpflichtung zur Rückforderung der gewährten Beihilfe	78
II.	Zivilrechtliche Folgen	80
III.	Vertragsverletzungsverfahren und Zwangsgeld	81
H.	**Fazit und Ausblick**	**83**
Literaturverzeichnis		**85**

Abkürzungsverzeichnis

a.A.	anderer Ansicht
ABl.	Amtsblatt
AG	Aktiengesellschaft
AktG	Aktiengesetz
Alt.	Alternative
Art.	Artikel
BB	Der Betriebs-Berater (Zeitschrift)
Bd.	Band
BGB	Bürgerliches Gesetzbuch
BGH	Bundesgerichtshof
BGHZ	Entscheidungen des Bundesgerichtshofs in Zivilsachen (Entscheidungssammlung)
BHO	Bundeshaushaltsordnung
bspw.	beispielsweise
BT-Drs.	Drucksache des Deutschen Bundestages
BVerfGE	Entscheidungen des Bundesverfassungsgerichtes (Entscheidungssammlung)
bzw.	beziehungsweise
ders.	derselbe
d.h.	das heißt
Diss.	Dissertation
DÖV	Die Öffentliche Verwaltung (Zeitschrift)
DVBl	Deutsches Verwaltungsblatt (Zeitschrift)
EG	Europäische Gemeinschaften
EGV	Vertrag zur Gründung der Europäischen Gemeinschaft
endg.	endgültig
EU	Europäische Union
EuG	Europäisches Gericht erster Instanz
EuGH	Europäischer Gerichtshof
EuZW	Europäische Zeitschrift für Wirtschaftsrecht
EWS	Europäisches Wirtschafts- und Steuerrecht (Zeitschrift)
f.	folgende
ff.	fortfolgende
gem.	gemäß
GG	Grundgesetz für die Bundesrepublik Deutschland

GmbH	Gesellschaft mit beschränkter Haftung
GmbHG	Gesetz betreffend die Gesellschaften mit beschränkter Haftung
GO	Gemeindeordnung
GWB	Gesetz gegen Wettbewerbsbeschränkungen
Hdb.	Handbuch
Hrsg.	Herausgeber
i.d.R.	in der Regel
IPO	Initial Public Offering
i.S.d.	im Sinnes des
i.S.v.	im Sinne von
i.V.m.	in Verbindung mit
KOM	Europäische Kommission
lit.	Buchstabe
M&A	Mergers & Acquisitions
m.w.N.	mit weiteren Nachweisen
Mio.	Millionen
NJW	Neue Juristische Wochenschrift (Zeitschrift)
Nr.	Nummer
n.v.	nicht amtlich veröffentlicht
NVwZ	Neue Zeitschrift für Verwaltungsrecht
NZBau	Neue Zeitschrift für Baurecht und Vergaberecht
o.g.	oben genannt
ÖPP	Öffentlich Private Partnerschaften
PPP	Public Private Partnership
RegE	Regierungsentwurf
Rn.	Randnummer
Rs.	Rechtssache
S.	Seite
Slg.	Sammlung
sog.	sogenannte(r)
SPO	Secondary Public Offering
u.a.	unter anderem
u.U.	unter Umständen
VergabeR	Vergaberecht (Zeitschrift)
vgl.	vergleiche
VgV	Vergabeverordnung

VO	Verordnung
VOB/A	Vergabe- und Vertragsordnung für Bauleistungen – Teil A
VOL/A	Verdingungsordnung für Leistungen – Teil A
WRP	Wettbewerb in Recht und Praxis (Zeitschrift)
WTO	World Trade Organization
z.B.	zum Beispiel
ZfBR	Zeitschrift für deutsches und internationales Bau- und Vergaberecht

A. Einleitung und Problemstellung

Auch wenn im Zuge der gegenwärtigen Wirtschaftskrise mehr von Ver- als von Entstaatlichung die Rede ist, wird das Thema der Privatisierung so wie auch in den letzten zwei Jahrzehnten eine wichtige Bedeutung behalten. Dafür sprechen drei wesentliche Gründe:

Zum einen haben die Kommunen[1] erkannt, dass viele öffentliche Aufgaben besser und günstiger durch Private oder in Zusammenarbeit mit privaten Partnern erfüllt werden können. Das kann im Einzelfall auch Angelegenheiten der Daseinsvorsorge mit einschließen[2]. Dahinter steht die (wirtschafts-)liberale Anschauung, dass privates Unternehmertum die Wünsche der Bürger viel effizienter befriedigen kann als es staatlichen Unternehmen möglich ist[3].

Zum anderen übt die Europäische Kommission seit längerem einen spürbaren Privatisierungsdruck auf die Mitgliedstaaten aus, da Privatisierungen generell wettbewerbspolitisch gern gesehen sind. Zwar fehlt der Kommission die Rechtsgrundlage, Privatisierungen verbindlich zu fordern, allerdings werden insbesondere Umstrukturierungsbeihilfen von ihr meist nur unter der Bedingung genehmigt, dass sich das betreffende Unternehmen privatem Kapital öffnet. Man erhofft sich dadurch, dass mit einer neuen Unternehmensführung das Risiko einer erneuten Beihilfengewährung sinkt[4]. Ohne eine solche Zusage droht oft eine langwierige Prüfung, deren Ergebnis schwer vorauszusagen ist[5].

Letztlich ist es oft auch die Finanznot der öffentlichen Hand, die sie dazu zwingt, staatliches Vermögen an Private zu veräußern.

Neben Immobilien kommen dafür insbesondere öffentliche Unternehmen oder Anteile an diesen in Frage. Derzeit strebt beispielsweise der Bund die Veräußerung von 24,9% seiner Anteile an der Transportsparte der Deutschen Bahn AG im Wege einer Kapitalmarktplatzierung (IPO) an. Aber auch auf Länder- und Kommunalebene gibt es eine Vielzahl von Unternehmen, deren Eigentum von der öffentlichen Hand in die Private ü-

---

[1] Im Folgenden werden die Begriffe Staat, Kommune, Verwaltungsträger und öffentliche Hand synonym im Sinne einer öffentlichen Körperschaft, die eine Vermögensprivatisierung plant oder durchführt, verstanden.
[2] MASING, ZfBR 2002, 450 (450).
[3] FRIEDMAN, Kapitalismus und Freiheit, 115.
[4] FRENZ, Handbuch Europarecht, 99, Rn. 289; SOLTÉSZ/BIELESZ, EuZW 2004, 391 (392) sowie beispielhaft die Entscheidung 2005/691/EG der Kommission, ABl. EU 2005, Nr. L 263, 8 zur Genehmigung der Umstrukturierungsbeihilfe zugunsten der Bank Burgenland.
[5] KRUSE, EWS 2005, 66 (67).

bergegangen ist oder in Zukunft übergehen wird. Schätzungen zufolge ist der Staat an mindestens 100.000 Unternehmen und Einrichtungen beteiligt[6]. Dies können beispielsweise kommunale Ver- und Entsorgungsunternehmen, kommunale Wohnungsbaugesellschaften oder öffentlich-rechtliche Banken und Versicherungen sein[7].

Grundsätzlich ist die Entscheidung der öffentlichen Hand, Anteile an öffentlichen Unternehmen zu veräußern, eine wirtschaftspolitische Entscheidung, die als solche ausschließlich in die Zuständigkeit der Mitgliedstaaten fällt. Gemäß Art. 295 EGV gilt dabei der Grundsatz der Neutralität des Vertrages gegenüber der Eigentumsordnung, d. h. die Mitgliedstaaten haben weiterhin die Kompetenz, staatliches Eigentum zu privatisieren oder umgekehrt zu verstaatlichen[8]. Diese Gewährleistung gilt freilich nur innerhalb der durch den EGV gesetzten Grenzen, wozu insbesondere auch die Grundfreiheiten zu zählen sind[9]. In Deutschland garantiert Art. 28 II GG den Kommunen, frei darüber zu entscheiden, ob sie ihre Angelegenheiten selbst durch eigene Einheiten erbringen oder private Unternehmen in die Leistungserbringung mit einbeziehen[10]. Aber auch hier wird diese Freiheit nur „im Rahmen der Gesetze" gewährt. Trotz dieser Selbstbestimmung sind aber viele Kommunen aufgrund ihrer angespannten Haushaltslage faktisch dazu gezwungen, ihr „Tafelsilber" zu veräußern.

Dem Interesse der öffentlichen Hand an einer zügigen und „unbürokratischen" Veräußerung stehen die berechtigten Rechtsschutzbedürfnisse potentieller Kaufinteressenten gegenüber. Aus diesem Grunde birgt die Nichtbeachtung bestehender Ausschreibungspflichten ein großes Risikopotential in sich, welches von erheblichen zeitlichen Verzögerungen über Schadensersatzverpflichtungen bis hin zur völligen Aufhebung des Verkaufsverfahrens reicht (Kapitel E. und G.)[11]. Nach einer systematischen Einordnung des Privatisierungsbegriffs (B.) und einem kurzen Überblick über die relevanten Rechtsgebiete (C.) wird gezeigt, welche rechtlichen

---

[6] ZENTNER, Die Bedeutung der Beihilfevorschriften für die Vermögensprivatisierung, 11.
[7] EGGERS/MALMENDIER, NJW 2003, 780 (780).
[8] MONTAG/LEIBENATH in: Heidenhain, Handbuch des Europäischen Beihilfenrechts, § 29 Das Verhältnis zu Art. 295 EG, Rn. 1; Grünbuch der Kommission zu öffentlich-privaten Partnerschaften und den gemeinschaftlichen Rechtsvorschriften für Aufträge und Konzessionen, KOM(2004) 327 endg., Rn. 65.
[9] ZENTNER, Die Bedeutung der Beihilfevorschriften für die Vermögensprivatisierung, 22.
[10] BURGI, NZBau 2005, 208 (210); JENNERT, WRP 2004, 1011 (1012).
[11] BRAUN, VergabeR 2006, 657 (657).

Vorgaben die öffentliche Hand bei solchen Veräußerungsprozessen zu beachteten hat. Insbesondere die Frage, ob, und gegebenenfalls unter welchen Umständen, Privatisierungen in den Anwendungsbereich des Vergaberechts fallen, wird ausführlich untersucht (D.). Für den Fall, dass eine Privatisierung nicht dem Vergaberecht unterfällt, wird untersucht, ob, und falls ja, in welchem Umfang (europaweite) Ausschreibungspflichten außerhalb des Vergaberechts bestehen und welche Verfahren dabei einzuhalten sind (F.). Da sich in den letztgenannten Fällen unterlegene Interessenten oft auf das Beihilfenrecht stützen, liegt hier neben dem Vergaberecht ein zweiter Schwerpunkt dieses Buches. Dabei wird die jüngere Kommissionsentscheidung „Bank Burgenland"[12] den Ausgangspunkt für die Untersuchung beihilferechtlicher Ausschreibungspflichten markieren.

---

[12] Entscheidung 2008/719/EG der Kommission, ABl. EU 2008, Nr. L 239, 32 (Bank Burgenland).

B. Begriff und Arten der Privatisierung

Eine allgemein anerkannte Definition des Begriffs der Privatisierung gibt es ebenso wenig wie eine gesetzliche Legaldefinition. Als Oberbegriff beschreibt er eine Vielzahl von Prozessen, bei denen sich der Staat aus bestimmten Verantwortungsbereichen ganz oder teilweise zurückzieht. Er umfasst Maßnahmen, denen gemein ist, dass Aufgaben staatlicher Stellen durch oder unter Beteiligung Privater bzw. in privater Rechtsform erbracht werden[13].

Das Spektrum der Privatisierungsarten ist vielfältig und reicht von der bloßen formellen Privatisierung über vielfältige funktionale Privatisierungsmodelle bis hin zur vollständigen Aufgabenentledigung der öffentlichen Hand, der materiellen Privatisierung. Dabei bestehen häufig Überschneidungen und fließende Übergänge[14].

Im Folgenden werden die Privatisierungsarten, die für die weiteren Untersuchungen maßgeblich sind, kurz dargestellt.

I. Formelle Privatisierung

Gründet die öffentliche Hand eine eigene, privatrechtliche Gesellschaft oder wandelt sie einen Eigenbetrieb ohne eigene Rechtspersönlichkeit in eine solche um, handelt es sich um eine formelle Privatisierung (Organisationsprivatisierung)[15]. Der Staat überträgt dieser Gesellschaft die Aufgaben, die zuvor von seinem Eigenbetrieb wahrgenommen wurden, wobei sich an dem öffentlich-rechtlichen Rechtsrahmen, in dem die Aufgabe erfüllt wird, nichts ändert[16]. Er bleibt somit handelnder Akteur und weiterhin für die Erledigung seiner Aufgaben verantwortlich. Bei der formellen Privatisierung handelt es sich somit um eine bloße Umwandlung eines Staatsbetriebes in eine Gesellschaft des Privatrechts[17]; der Verwaltungsträger bleibt weiterhin vollständiger Anteilseigner an dem umgewandel-

---

[13] STICKLER in: Reidt/Stickler/Glahs, Vergaberecht – Kommentar, 148, Rn. 41.
[14] ZENTNER, Die Bedeutung der Beihilfevorschriften für die Vermögensprivatisierung, 7.
[15] DREHER in: Immenga/Mestmäcker, Wettbewerbsrecht GWB, § 99, Rn. 84; MONTAG/LEIBENATH in: Heidenhain, Handbuch des Europäischen Beihilfenrechts, § 28 Privatisierung, Rn. 2.
[16] STICKLER in: Reidt/Stickler/Glahs, Vergaberecht – Kommentar, 148, Rn. 41.
[17] ARZT-MERGEMEIER in: Willenbruch/Bischoff, Kompaktkommentar Vergaberecht, § 7 BHO, Rn. 42.

ten Unternehmen[18]. Daher spricht man in diesem Zusammenhang auch von „unechter Privatisierung"[19] oder „Scheinprivatisierung"[20].

Meist ist die Eigengesellschaft[21] in Form einer GmbH organisiert, da somit umfangreiche Weisungsrechte der Gesellschafter gegenüber der Geschäftsführung bestehen bleiben (§ 37 GmbHG)[22]. Dagegen können nach einer Umwandlung in eine Aktiengesellschaft die Gesellschafter nicht mehr unmittelbaren Einfluss auf die Geschäftsführungstätigkeit der leitenden Organe nehmen (§ 76 AktG). Dies führt vor allem dann zu Problemen, wenn der öffentliche Anteilseigner seiner Eigengesellschaft Aufträge ohne Ausschreibung erteilen will[23]. Eine Umwandlung des Eigenbetriebs in eine AG kommt meist dann in Betracht, wenn in der Zukunft beabsichtigt ist, Anteile an diesem Unternehmen über den Kapitalmarkt an private Investoren zu veräußern.

Beispielhaft sei hier die Übertragung der kommunalen Stromversorgung auf eine neu gegründete GmbH, deren Anteile vollständig von der Kommune gehalten werden, genannt[24]. Ebenso sind die Umwandlung der Deutschen Bundesbahn in die Deutsche Bahn AG und die Umwandlung und Aufteilung der Deutschen Post in die Deutsche Post AG, die Deutsche Postbank AG und die Deutsche Telekom AG Beispiele der formellen Privatisierung[25].

II. Funktionale Privatisierung

Unter dem Begriff der funktionalen Privatisierung versteht man die Beauftragung privater Unternehmen mit Aufgaben, die vorher von der öffentlichen Hand erfüllt wurden. Der Staat bedient sich zur Erfüllung seiner Aufgaben Privater als „Erfüllungsgehilfen", ohne dass es dabei zu einer Übertragung der öffentlichen Aufgabe selbst kommt[26]. Dabei verbleibt

---

[18] SCHIMANEK, NZBau 2005, 304 (306).
[19] HÜSER, Ausschreibungspflichten bei der Privatisierung öffentlicher Aufgaben, 93.
[20] STOBER, NJW 2008, 2301 (2307).
[21] Eine Legaldefinition des Begriffs Eigengesellschaft findet sich z.B. in § 101 III Nr. 2 GO Brandenburg: Demnach sind Eigengesellschaften „Unternehmen mit eigener Rechtspersönlichkeit, deren sämtliche Anteile der Gemeinde gehören".
[22] ARZT-MERGEMEIER in: Willenbruch/Bischoff, Kompaktkommentar Vergaberecht, § 7 BHO, Rn. 42.
[23] Vgl. D.II.1.a).
[24] STICKLER in: Reidt/Stickler/Glahs, Vergaberecht – Kommentar, 148, Rn. 41.
[25] MONTAG/LEIBENATH in: Heidenhain, Handbuch des Europäischen Beihilfenrechts, § 28 Privatisierung, Rn. 2 f.
[26] Ebenda.

die Kontrolle *der* und die Verantwortung *für* die Aufgabe bei der öffentlichen Hand[27]. Daher wird auch diese Form der Privatisierung als „unechte Privatisierung" bezeichnet[28].

Bedeutende Beispiele der funktionalen Privatisierung sind das Konzessionsmodell und das Betreibermodell: Bei ersterem übernimmt ein Privater die Vorfinanzierung von Leistungen und verpflichtet sich zur Leistungserbringung unmittelbar an den Bürger. Er trägt das wirtschaftliche Risiko und erhält dafür als Gegenleistung das Nutzungsrecht der erbrachten Leistungen. Die Entlohnung erfolgt direkt durch den „Nutznießer" dieser Leistungen, in der Regel also durch den Bürger[29]. Beim Betreibermodell schaltet der Verwaltungsträger vertraglich einen Privaten in die Erbringung öffentlicher Leistungen ein und zahlt diesem ein Betreiberentgelt, wobei die Gebühren durch die öffentliche Hand erhoben werden[30].

Für die nachfolgenden Betrachtungen hat diese Form der Privatisierung nur für die Abgrenzung zu verschiedenen Public Private Partnership Modellen[31] eine Bedeutung.

III. Materielle Privatisierung

Die Übertragung staatlichen Eigentums auf Private, also auch der Verkauf von öffentlichen Unternehmen (Asset Deal) oder Anteilen daran (Share Deal), wird als Privatisierung im engeren Sinn oder materielle Privatisierung bezeichnet. Mit der Übertragung der Unternehmensanteile ändert sich grundsätzlich nichts an den bestehenden Aufträgen und Verträgen, da die dafür verantwortliche juristische Person unverändert fortbesteht. Trotzdem spricht man in diesem Zusammenhang von einer Aufgabenprivatisierung, da faktisch nicht nur die Durchführung der Aufgabe, sondern die Aufgabe selbst auf den oder die neuen Gesellschafter übertragen wird[32]. Sie ist somit die weitestgehende Form der Privatisierung[33]. Der neue, private Anteilseigner nimmt die betreffende Aufgabe dann in eigener Verantwortung wahr[34]. Praktisch kommt eine materielle Privatisie-

---

[27] HÜSER, Ausschreibungspflichten bei der Privatisierung öffentlicher Aufgaben, 75; STICKLER in: Reidt/Stickler/Glahs, Vergaberecht – Kommentar, 149, Rn. 41 f.
[28] HÜSER, Ausschreibungspflichten bei der Privatisierung öffentlicher Aufgaben, 73.
[29] SCHIMANEK, NZBau 2005, 304 (305).
[30] Ebenda.
[31] Dazu sogleich unter B.IV.
[32] BURGI, NVwZ 2001, 601 (603); HÜSER, Ausschreibungspflichten bei der Privatisierung öffentlicher Aufgaben, 93.
[33] HÜSER, Ausschreibungspflichten bei der Privatisierung öffentlicher Aufgaben, 92.
[34] SCHIMANEK, NZBau 2005, 304 (305).

rung insbesondere für solche Aufgaben in Betracht, die der Staat freiwillig übernommen hat. Anderenfalls würde sich die Privatisierung in Widerspruch zu verfassungsrechtlichen und anderen gesetzlichen Einstands- und Gewährleistungspflichten des Staates setzen[35].

Oftmals haben die veräußernden Kommunen ein Interesse daran, einen beherrschenden Einfluss auf das verkaufte Unternehmen zu behalten. Viele Gemeindeordnungen lassen einen Kontrollverlust an ihren kommunalen Unternehmen auch gar nicht zu[36]. Daher fällt auch schon die bloße (u.U. minderheitliche) Beteiligung Privater an öffentlichen Unternehmen unter den Begriff der materiellen Privatisierung[37]. Diese Form der Privatisierung bietet nicht nur den Vorteil des Kapitalzuflusses in die öffentliche Hand, sondern auch die Hereinnahme von privatem Know-How[38].

Eine materielle Privatisierung läuft in der Regel in mehreren Schritten ab[39]: Zuerst gründet der Verwaltungsträger eine privatrechtliche Gesellschaft (meist eine GmbH), in die er seine vorhandenen Betriebsmittel, Immobilien, Mitarbeiter und vor allem Aufträge einbringt (formelle Privatisierung). Dabei kann er entweder Alleingesellschafter sein oder zusammen mit anderen Verwaltungsträgern (sog. institutionalisierte Public Public Partnership[40]) bzw. Privaten (sog. Public Private Partnership[41]) die Kontrolle ausüben. Im letzteren Fall spricht man bei dem neu gegründeten Unternehmen von einer gemischtwirtschaftlichen Gesellschaft. Später werden die verbleibenden Geschäftsanteile vollständig (Vollprivatisierung) oder teilweise (Teilprivatisierung) an Private veräußert.

Ob und gegebenenfalls unter welchen Umständen bei der materiellen Vermögensprivatisierung der sachliche Anwendungsbereich des Vergaberechts eröffnet ist, mithin also ein öffentlicher Auftrag i.S.d. § 99 I GWB vorliegt, wird ein erster Schwerpunkt der vorliegenden Untersuchung

---

[35] RONELLENFITSCH in: Hoppe/Uechtritz, Handbuch Kommunale Unternehmen, 55, Rn. 15; ZEISS in: jurisPK-VergR, § 99 GWB, Rn. 78.
[36] KRUTISCH, NZBau 2003, 650 (650).
[37] HÜSER, Ausschreibungspflichten bei der Privatisierung öffentlicher Aufgaben, 92; a.A. JAEGER, NZBau 2001, 6 (7), der nur die vollständige Veräußerung eines Staatsunternehmens unter den Begriff der materiellen Privatisierung fallen lässt.
[38] JENNERT, WRP 2004, 1011 (1012).
[39] HÜSER, Ausschreibungspflichten bei der Privatisierung öffentlicher Aufgaben, 94.
[40] OTTING/OHLER in: Hoppe/Uechtritz, Handbuch Kommunale Unternehmen, 557, Rn. 1.
[41] Im Schrifttum wird zum Teil auch der deutsche Terminus „Öffentlich-Private-Partnerschaften" (ÖPP) verwendet. Da jedoch der englische Begriff eine deutlich weitere Verbreitung gefunden hat, wird dieser im Folgenden verwendet.

sein. Der Begriff der Privatisierung soll im Folgenden im Sinne einer materiellen Vermögensprivatisierung verstanden werden.

IV. Kooperationsmodelle (PPP)

In den letzten zwei Jahrzehnten gab es einen wahren Boom an sog. Public Private Partnerships (PPP)[42]. Der Begriff der PPP ist recht unscharf. Als Sammelbegriff für eine Vielzahl von Formen vertraglicher Zusammenarbeit zwischen öffentlicher Hand und privaten Unternehmen[43] umfasst er sowohl Fälle der teilweisen materiellen Privatisierung (z.b. teilweise Übertragung der Geschäftsanteile einer kommunalen Gesellschaft auf einen Privaten – institutionalisierte PPP) als auch der funktionalen Privatisierung (PPP auf Vertragsbasis)[44].

Public Private Partnerships finden sich vor allem in Bereichen, in denen private Unternehmen aufgrund hoher Investitionsvolumen zur Realisierung eines Projektes allein nicht in der Lage sind. So betrug das durchschnittliche Investitionsvolumen von PPP-Projekten im Jahr 2004 auf Bundesebene ca. 70 Mio. Euro und auf kommunaler Ebene immerhin noch 14,5 Mio. Euro[45]. Aber auch der umgekehrte Fall, in dem sich die öffentliche Hand die höhere Effizienz der Privatwirtschaft zunutze machen will, um ein bestimmtes Vorhaben schneller und preiswerter zu realisieren, ist weit verbreitet[46].

Im Folgenden soll der Begriff PPP im Sinne einer institutionalisierten Public Private Partnership verstanden werden. Darunter versteht man die Zusammenarbeit zwischen öffentlichen und privaten Beteiligten, bei der gemischtwirtschaftliche Unternehmen gegründet werden, die öffentliche Aufträge durchführen[47]. Nicht darunter fällt jedoch die reine Kapitalbeteiligung eines privaten Investors an einem öffentlichen Unternehmen[48].

---

[42] KÜHLING, ZfBR 2006, 661 (661).
[43] RONELLENFITSCH in: Hoppe/Uechtritz, Handbuch Kommunale Unternehmen, 57, Rn. 20.
[44] STICKLER in: Reidt/Stickler/Glahs, Vergaberecht – Kommentar, § 99 GWB, Rn. 41.
[45] KÜHLING, ZfBR 2006, 661 (661).
[46] KÜHLING, ZfBR 2006, 661 (662).
[47] Mitteilung der Kommission zu Auslegungsfragen in Bezug auf die Anwendung der gemeinschaftlichen Rechtsvorschriften für öffentliche Aufträge und Konzessionen auf institutionalisierte Öffentlich Private Partnerschaften, C(2007)6661, 2 f.
[48] Ebenda.

C. Rechtlicher Rahmen

Zur Ausschreibungspflicht von Privatisierungen gibt es kaum einfachgesetzliche Vorschriften[49]. Rechtliche Anforderungen an die formale Ausgestaltung von Veräußerungsprozessen der öffentlichen Hand sind weit verstreut und lassen sich u.a. aus dem primären Europarecht, dem Beihilfenrecht, dem Vergaberecht, dem Verfassungsrecht, dem kartellrechtlichen Diskriminierungsverbot und dem Haushaltsrecht ableiten[50]. Auch Mitteilungen der Europäischen Kommission spielen eine nicht zu unterschätzende Rolle. Im Folgenden werden die relevanten Rechtsgebiete überblicksartig dargestellt. Anschließend erfolgt eine eingehende Analyse vergabe- und beihilferechtlicher Ausschreibungspflichten.

I. Europäisches Primärrecht

Europäische Primärrechte gelten unmittelbar für natürliche und juristische Personen in der EU und somit auch außerhalb des eigentlichen Vergabeverfahrens[51]. Wie der EuGH bereits in einem obiter dictum des „Teleaustria" Urteils ausführte, haben öffentliche Auftraggeber unabhängig von der Geltung der Vergaberichtlinien die Grundregeln des EGV zu beachten[52]. Zu diesen Grundregeln zählen vor allem die Grundfreiheiten, insbesondere die Warenverkehrsfreiheit (Art. 23 ff. EGV), die Niederlassungsfreiheit (Art. 43 EGV) und die Dienstleistungsfreiheit (Art. 49 EGV). Auch das Diskriminierungsverbot aus Gründen der Staatsangehörigkeit (Art. 12 EGV) und der Grundsatz der Gleichbehandlung fallen unter diese Grundregeln. Dabei umfasst das Diskriminierungsverbot ein Transparenzgebot, denn anderenfalls ist nicht festzustellen, ob das Diskriminierungsverbot beachtet worden ist[53]. Diese Grundregeln des Vertrages und insbesondere die Verpflichtung zur Transparenz verpflichten öffentliche Auftraggeber zu Gunsten potenzieller Bieter einen angemessenen Grad von Öffentlichkeit sicherzustellen. Nur so ist es möglich, den Dienstleistungsmarkt für öffentliche Auftragsvergaben dem Wettbewerb zu öffnen

---

[49] KÜHLING, ZfBR 2006, 661 (662).
[50] WILLENBRUCH in: Willenbruch/Bischoff, Kompaktkommentar Vergaberecht, § 99 GWB, Rn. 61.
[51] BRAUN, VergabeR 2006, 657 (662).
[52] EuGH, Rs. C-324/98, Slg. 2000, I-10745, Teleaustria Verlags GmbH / Telekom Austria AG, Rn. 60.
[53] EuGH, Rs. C-275/98, Slg. 1999, I-8291, Unitron Scandinavia / Ministeriet for Fødevarer, Rn. 31.

und die Nachprüfung zu ermöglichen, ob die Vergabeverfahren unparteiisch durchgeführt wurden[54].

Nachdem der EuGH diese Ansicht in der späteren Entscheidung „Co.Na.Me"[55] bekräftigt und präzisiert hat, sind diese primärrechtlichen Mindestvergaberechtsanforderungen für vergabefreie Verträge mittlerweile auch vom BGH anerkannt worden. Demnach stehe das völlige Fehlen einer Ausschreibung weder mit Art. 43 und 49 EGV noch mit den Grundsätzen der Gleichbehandlung, der Nichtdiskriminierung und der Transparenz in Einklang[56].

Zwar bezieht sich der EuGH in den Urteilen „Teleaustria" und „Co.Na.Me." auf eine nicht den Vergaberichtlinien unterfallende Dienstleistungskonzession (Art. 17 Richtlinie 2004/18/EG). Allerdings besteht Einigkeit darüber, die Aussagen des EuGH zur Ausschreibungspflicht auch auf alle vergabeähnlichen Rechtsgeschäfte auszudehnen, die nicht vom Vergaberecht erfasst sind, mithin also auch auf die Veräußerung staatlichen Vermögens[57].

Festzuhalten bleibt daher, dass dort, wo kein Sekundärrecht existiert bzw. nicht anwendbar ist, das primäre Europarecht unmittelbare Anwendung findet[58].

II. EG-Beihilfenrecht

Auch das in den Art. 87 ff. EGV normierte gemeinschaftliche Beihilfenrecht stellt Verkäufer staatlichen Anteilsbesitzes vor nicht unerhebliche Schwierigkeiten bei der Ausgestaltung eines europarechtskonformen Veräußerungsprozesses. Zwar beträgt das Volumen staatlicher Beihilfen nur einen Bruchteil dessen, was die öffentliche Auftragsvergabe nach dem Kartellvergaberecht ausmacht[59]. Dies ändert jedoch nichts an der

---

[54] EuGH, Rs. C-324/98, Slg. 2000, I-10745, Teleaustria Verlags GmbH / Telekom Austria AG, Rn. 62.
[55] EuGH, Rs. C-231/03, Slg. 2005, I-7287, Consorzio Aziende Metano (Co.Na.Me.) u.a. / Kommission.
[56] BGHZ 166, 165 (188), Rn. 60; FRENZ, Handbuch Europarecht, 565, Rn. 1830.
[57] BRAUN, VergabeR 2006, 657 (665); EGGERS/MALMENDIER, NJW 2003, 780 (781); ENDLER, NZBau 2002, 125 (134); KLEIN, VergabeR 2005, 22 (23); SCHNIEDERS, DVBl 2007, 287 (288).
[58] BURGI, NZBau 2005, 610 (612).
[59] So betrug der Anteil staatlicher Beihilfen am BIP innerhalb der Gemeinschaft im Jahre 2007 lediglich 0,53% bzw. 65 Mrd. Euro (Bericht der Kommission, Anzeiger für staatliche Beihilfen – Herbstausgabe 2008, KOM(2008) 751 endg., 4), im Vergleich dazu betrug das Volumen öffentlicher Aufträge 16,3% des gemeinschafts-

hohen Priorität, welche die Europäische Kommission dieser potentiell wettbewerbsverfälschenden Problematik beimisst.

Das EG-Beihilfenrecht, welches kaum durch sekundäres Gemeinschaftsrecht geregelt ist[60], stellt neben dem Kartellrecht eine der beiden Säulen des europäischen Wettbewerbsrechts dar, die den Wettbewerb innerhalb des Binnenmarktes vor Verfälschungen schützten sollen (Art. 3 I lit. g EGV)[61]. Dabei erklärt Art. 87 I EGV staatliche oder aus staatlichen Mitteln gewährte Beihilfen gleich welcher Art, die durch die Begünstigung bestimmter Unternehmen oder Produktionszweige den Wettbewerb verfälschen oder zu verfälschen drohen, für unvereinbar mit dem Gemeinsamen Markt, soweit sie den Handel zwischen Mitgliedstaaten beeinträchtigen. Ähnlich wie im Vergaberecht existieren auch im Beihilfenrecht Schwellenwerte, unterhalb derer die Kommission eine Beeinträchtigung des Handels zwischen den Mitgliedstaaten nicht annimmt[62]. Problematisch, und daher Schwerpunkt der weiteren Untersuchungen, ist regelmäßig das Tatbestandsmerkmal der Begünstigung.

Dabei stellt sich die Frage, inwieweit Art. 87 EGV Ausschreibungspflichten bei der Privatisierung öffentlicher Unternehmen auslösen kann. Wird ein Vermögensgegenstand der öffentlichen Hand nicht zum Marktpreis veräußert, kann darin eine unzulässige staatliche Beihilfe im Sinne dieser Vorschrift liegen[63]. Aber auch die Sanierung verschuldeter Staatsunternehmen und ihre anschließende Privatisierung sind grundsätzlich beihilfeverdächtig[64]. Im ersten Fall liegt damit eine Begünstigung des Erwerbers, im zweiten Fall des zu veräußernden Unternehmens vor.

In solchen Fällen muss der geplante Verkauf der Kommission gemäß Art. 88 III EGV mitgeteilt (notifiziert) werden. Unter den Voraussetzungen des Art. 87 II, III EGV kann die Kommission eventuelle Beihilfen für mit dem

---

weiten BIP bzw. 1,5 Billionen Euro (DREHER in: Immenga/Mestmäcker, Wettbewerbsrecht GWB, Vor §§ 97 ff., Rn. 66).

[60] LÜBBIG/MARTÍN-EHLERS, Beihilfenrecht der EU, 13, Rn. 30.

[61] ZENTNER, Die Bedeutung der Beihilfevorschriften für die Vermögensprivatisierung, 2.

[62] Verordnung (EG) Nr. 1998/2006 der Kommission vom 15.12.2006 über die Anwendung der Art. 87 und 88 EG-Vertrag auf de-minimis-Beihilfen, ABl. EU 2006, Nr. L 379, 5 ff.

[63] EuG, Rs. T-12/99 u. T-63/99, Slg. 2001, II-2153, UK Coal Plc / Kommission, Rn. 186; Entscheidung 1999/508/EG der Kommission, ABl. EG 1999, Nr. L 198, 1 (10), (Societé Marseillaise de Crédit); Entscheidung 2002/896/EG der Kommission, ABl. EG 2002, Nr. L 314, 62, Rn. 28 (Gothaer Fahrzeugtechnik).

[64] EuGH, Rs. C-278-280/92, Slg. 1994, I-4103, Spanien / Kommission; EuGH, Rs. C-334/99, Slg. 2003, I-1139, Deutschland / Kommission; Entscheidung 2002/286/EG der Kommission, ABl. EG 2002, Nr. L 105, 33, Rn. 27 (Georgsmarienhütte).

gemeinsamen Markt vereinbar erklären. Unterlässt der Veräußerer die Notifizierung, droht eine nachträgliche Überprüfung durch die Kommission, welche im Extremfall die Rückabwicklung von Rechtsgeschäften anordnen kann. Bei Privatisierungen fordert die Kommission in solchen Fällen regelmäßig die nachträgliche Zahlung der Differenz zwischen Kaufpreis und Marktpreis durch den Erwerber[65].

Zwar können sich auch aus anderen Rechtsgebieten unter Umständen Ausschreibungspflichten ergeben, allerdings müssen diese vor den nationalen Gerichten geltend gemacht werden. Da hierzu, abgesehen vom Vergaberecht, bisher noch wenig Rechtsprechung existiert und überdies ein solcher Prozess mit erheblichen Risiken und Kosten verbunden ist, stützen sich in der Praxis unterlegene Interessenten oft auf das europäische Beihilfenrecht. So wurde beispielsweise die Klage eines erfolglosen Bieters im Fall „Bank Burgenland" vom OLG Wien abgewiesen, während eine Beschwerde bei der Kommission zu einer Rückzahlungsverpflichtung der im Zusammenhang mit der Privatisierung gewährten Beihilfe führte[66]. Diese Vorgehensweise bietet den Vorteil, dass die Kommission Informationen über angebliche rechtswidrige Beihilfen, gleich welcher Herkunft, prüfen muss (Art. 10 I der Verordnung (EG) Nr. 659/1999[67])[68] und dem Beschwerdeführer dadurch keine Kosten entstehen. Die Kommission ist dabei verpflichtet, in Zusammenarbeit mit den Mitgliedstaaten die konkreten Umstände des Einzelfalls umfassend aufzuklären[69]. Zudem besteht dazu bereits, anders als zu den primärrechtlichen Vorgaben, eine umfangreiche Entscheidungspraxis[70].

III. Vergaberecht

Da gerade im Bereich der Auftragsvergabe protektionistische Verhaltensweisen in den Mitgliedstaaten der Verwirklichung des Binnenmarktes i.S.d. Art. 14 II EGV entgegen stehen, ergriff der europäische Gemeinschaftsgesetzgeber erstmals in den 1970er Jahren die Initiative, das öf-

---

[65] KRISTOFERITSCH, EuZW 2006, 428 (429).
[66] JAEGER, EuZW 2008, 686 (686) m.w.N.; vgl. auch F.II.1.
[67] Verordnung (EG) Nr. 659/1999 des Rates vom 22.3.1999 über besondere Vorschriften für die Anwendung von Artikel 93 des EG-Vertrags, ABl. EG 1999, Nr. L 83, 1.
[68] Entscheidung 2008/719/EG der Kommission, ABl. EU 2008, Nr. L 239, 32, Rn. 100 (Bank Burgenland).
[69] ZENTNER, Die Bedeutung der Beihilfevorschriften für die Vermögensprivatisierung, 142.
[70] GABRIEL/PRIEß, NZBau 2007, 617 (619).

fentliche Auftragswesen in der Gemeinschaft zu liberalisieren[71]. Das derzeitige europäische Vergaberecht basiert im Wesentlichen auf der EU-Vergabekoordinierungsrichtlinie[72], der Sektorenrichtlinie[73] und den Rechtsmittelrichtlinien[74]. Umgesetzt wurde es durch den deutschen Gesetzgeber im 4. Teil des GWB, den §§ 97 – 129 sowie der Vergabeverordnung (VgV). Seine völkerrechtliche Grundlage hat das Vergaberecht im WTO-Beschaffungsabkommen[75], welches jedoch keine unmittelbare Wirkung hat, sondern in die EU-Vergaberichtlinien eingeflossen ist[76].

Das Vergaberecht regelt das Beschaffungsverhalten der öffentlichen Hand. Unter den Begriff des Vergaberechts fallen alle nationalen und internationalen Regeln, die ein Träger der öffentlichen Verwaltung bei der Beschaffung von Waren und Dienstleistungen, die er zur Erfüllung seiner Verwaltungsaufgaben benötigt, zu beachten hat[77]. Daneben unterliegen gemäß § 98 GWB bzw. Art. 2 II Richtlinie 2004/17/EG auch bestimmte nichtstaatliche Auftraggeber dem Vergaberecht.

Grundsätzlich ist das Europäische Vergaberecht nur auf öffentliche Auftragsvergaben anwendbar, deren Wert oberhalb der in Art. 7 Richtlinie 2004/18/EG genannten Schwellenwerte liegen. Allerdings stellt die 2. Begründungserwägung der Vergabekoordinierungsrichtlinie klar, dass sich alle öffentlichen Auftragsvergaben, unabhängig von ihrem Wert, an den Grundsätzen des EG-Vertrages zu orientieren haben. Dazu zählen insbesondere der Grundsatz des freien Warenverkehrs, der Grundsatz der Niederlassungsfreiheit und der Grundsatz der Dienstleistungsfreiheit sowie die davon abgeleiteten Grundsätze der Gleichbehandlung, der Nichtdis-

---

[71] FUCHS/HOLOUBEK/WEINHANDL, Vergaberecht, 18.
[72] Richtlinie 2004/18/EG vom 31.3.2004 über die Koordinierung der Verfahren zur Vergabe öffentlicher Bauaufträge, Lieferaufträge und Dienstleistungsaufträge, ABl. EU 2004, Nr. L 134, 114.
[73] Richtlinie 2004/17/EG vom 31.3.2004 zur Koordinierung der Zuschlagserteilung durch Auftraggeber im Bereich der Wasser-, Energie-, und Verkehrsversorgung sowie der Postdienste, ABl. EU 2004, Nr. L 134, 1.
[74] Richtlinie 89/665/EWG vom 21.12.1989 zur Koordinierung der Rechts- und Verwaltungsvorschriften für die Anwendung der Nachprüfungsverfahren im Rahmen der Vergabe öffentlicher Liefer- und Bauaufträge, ABl. EG 1989, Nr. L 395, 33; Richtlinie 92/13/EWG vom 25.2.1992 zur Koordinierung der Rechts- und Verwaltungsvorschriften für die Anwendung der Gemeinschaftsvorschriften über die Auftragsvergabe durch Auftraggeber im Bereich der Wasser-, Energie- und Verkehrsversorgung sowie im Telekommunikationssektor, ABl. EG 1992, Nr. L 076, 14.
[75] Übereinkommen über das öffentliche Beschaffungswesen im Anhang 4 des Übereinkommens zur Errichtung der Welthandelsorganisation, ABl. EG 1996, Nr. C 256, 1.
[76] RUDOLF in: Byok/Jaeger, Kommentar zum Vergaberecht, Einführung, Rn. 20.
[77] BVerfGE 116, 135 (135).

kriminierung, der gegenseitigen Anerkennung, der Verhältnismäßigkeit und der Transparenz. Primäres Ziel des europäischen Vergaberechts ist somit nicht die wirtschaftliche und sparsame Verwendung öffentlicher Haushaltsmittel, wie sie dem deutschen Haushaltsrecht zugrunde liegt, sondern die Verwirklichung des Binnenmarktes und die Schaffung des dafür notwendigen Wettbewerbes.

Auf den ersten Blick erscheint es überraschend, Veräußerungsprozesse der öffentlichen Hand dem Vergaberecht zu unterstellen; regelt doch das Recht der öffentlichen Auftragsvergabe nur das Beschaffungs-, nicht aber das Veräußerungsverhalten des Staates[78]. Da jedoch vormals staatseigene Unternehmen auch nach ihrer Privatisierung mit der Ausführung öffentlicher Aufträge betraut werden, kann es Sachverhalte geben, in denen die Vermögensprivatisierung einer Auftragsvergabe gleichkommt[79]. In solchen Fällen wäre das Vergaberecht direkt anzuwenden. Zudem gibt es große Ähnlichkeiten zwischen der Vergabe eines Auftrages und der Veräußerung eines Vermögensgegenstandes. In beiden Fällen ist eine Auswahl zwischen einer unter Umständen großen Anzahl von Interessenten vorzunehmen. Da diese Auswahl frei von Willkür und in Einklang mit dem europäischen Primärrecht zu erfolgen hat, liegt es nahe, eine analoge oder sinngemäße Anwendung des Vergaberechts auf Vermögensprivatisierungen zumindest in Betracht zu ziehen.

IV. Kommissionsmitteilungen

Äußerungen der Europäischen Kommission, insbesondere ihre Leitlinien, Stellungnahmen, Grünbücher und Mitteilungen sind keine verbindlichen Rechtsakte i.S.d. Art. 249 I bis IV EGV; sie dienen lediglich der Darstellung der künftigen Politik und Verwaltungspraxis der Kommission[80]. Daher werden sie zum Teil auch als „Tertiärrecht"[81] oder „soft law"[82] bezeichnet. Als Organ der Exekutive und somit als „Hüterin der Verträge" hat die Kommission die Gemeinschaftsvorschriften nur anzuwenden. Trotzdem, oder gerade deswegen, kommt ihren Mitteilungen eine nicht zu unterschätzende Bedeutung zu. Dies zeigt sich nicht zuletzt daran, dass die deutsche Bundesregierung gegen die Kommissionsmitteilung zur öffent-

---

[78] So auch DIETLEIN, NZBau 2004, 472 (472); OTTING/OHLER in: Hoppe/Uechtritz, Handbuch Kommunale Unternehmen, 583, Rn. 43.
[79] Vgl. D.
[80] ZENTNER, Die Bedeutung der Beihilfevorschriften für die Vermögensprivatisierung, 133.
[81] GROß, DÖV 2004, 20 (20); SIEGEL, EWS 2008, 66 (73).
[82] ARHOLD, EuZW 2008, 713 (713).

lichen Auftragsvergabe außerhalb der EG-Vergaberichtlinien[83] Klage vor dem EuGH erhoben hat[84]. Sie macht geltend, dass die Kommission damit faktisch ein eigenes Vergaberegime vorbei am europäischen Gesetzgeber errichtet[85]. Ob sich diese Mitteilung innerhalb der Grenzen der Rechtsprechung des EuGH bewegt, kann hier dahingestellt bleiben[86]. Zumindest haben die Gerichte die Veröffentlichung von Kommissionsmitteilungen bisher im Grundsatz gebilligt, soweit sie mit dem Vertrag in Einklang stehen und das geltende Gemeinschaftsrecht lediglich nachzeichnen[87]. Auch wenn diese Regelwerke für die Mitgliedstaaten rechtlich nicht bindend sind, so entfaltet ihre Veröffentlichung doch eine Selbstbindungswirkung für der Kommission, die sie nach dem Grundsatz des Vertrauensschutzes und der Gleichbehandlung dazu verpflichtet, diese Regeln auf gleich gelagerte Fälle gleichförmig anzuwenden[88].

Für die Frage, wie Verkäufe öffentlicher Unternehmen auszugestalten sind, haben diese Mitteilungen in jedem Falle eine wichtige Bedeutung, da sich der EuGH zu diesem Thema bisher noch nicht geäußert hat[89]. Vorweggenommen werden kann hier, dass bei Beachtung der Kommissionsmitteilungen grundsätzlich keine Gefahr der Beanstandung danach durchgeführter Vergabeverfahren besteht[90]. So weist *Dietlein* treffend darauf hin, dass die Hinweise zur Verfahrensgestaltung bei der Veräußerung staatlichen Grundeigentums in der Grundstücksmitteilung[91] wohl „[...] eher als Drohung denn als wohlmeinender Ratschlag zu verstehen [...]" seien[92].

---

[83] Mitteilung der Kommission zu Auslegungsfragen in Bezug auf das Gemeinschaftsrecht, das für die Vergabe öffentlicher Aufträge gilt, die nicht oder nur teilweise unter die Vergaberichtlinien fallen, ABl. EU 2006, Nr. C 179, 2.
[84] Rs. T-258/06, ABl. EU 2006, Nr. C 294, 52, dieser Klage haben sich bisher Österreich, die Niederlande, Polen sowie das Europäische Parlament angeschlossen; LUTZ, VergabeR 2007, 372 (377).
[85] GABRIEL, NVwZ 2006, 1262 (1264).
[86] Bejahend SCHNIEDERS, DVBl 2007, 287 (291); a.A. LUTZ, VergabeR 2007, 372 (377); SIEGEL, EWS 2008, 66 (73).
[87] SIEGEL, EWS 2008, 66 (73); ZENTNER, Die Bedeutung der Beihilfevorschriften für die Vermögensprivatisierung, 133 m.w.N.
[88] LÜBBIG/MARTÍN-EHLERS, Beihilfenrecht der EU, 15, Rn. 34.
[89] EGGERS/MALMENDIER, NJW 2003, 780 (781).
[90] FRENZ, Handbuch Europarecht, 600, Rn. 1956 ff.
[91] Dazu sogleich unter C.IV.2.
[92] DIETLEIN, NZBau 2004, 472 (473).

1. XXIII. Wettbewerbsbericht 1993

Seit 1971 veröffentlicht die Europäische Kommission jährlich einen Bericht, in dem die wichtigsten Entwicklungen und Tendenzen der Wettbewerbspolitik in der Europäischen Union zusammengefasst werden[93]. Aufgrund umfangreicher Privatisierungsprogramme in den Mitgliedstaaten, vor allem in Deutschland[94], begann die Kommission im XXI. und XXII. Bericht über die Wettbewerbspolitik[95] der Problematik von Beihilfengewährungen bei der Privatisierung staatlicher Unternehmen besondere Aufmerksamkeit zuzuwenden[96]. Der nachfolgende „XXIII. Bericht über die Wettbewerbspolitik 1993"[97] enthält dann wichtige Aussagen über die Kommissionspraxis bezüglich der Beurteilung von Privatisierungen und möglicher Beihilfeelemente. Darin fasst die Kommission Grundsätze, die sich im Laufe der Jahre aus der Prüfung von Einzelfällen ergeben haben, in einem Bericht zusammen[98]. Dass der mittlerweile 15 Jahre alte Text in diesen Punkten noch immer Gültigkeit besitzt, zeigen verschiedene Kommissionsentscheidungen, die darauf Bezug nehmen[99].

2. Grundstücksmitteilung

Aus dem Jahre 1997 stammt die „Mitteilung der Kommission betreffend Elemente staatlicher Beihilfe bei Verkäufen von Bauten oder Grundstücken durch die öffentliche Hand" (Grundstücksmitteilung)[100]. Diese bezieht sich grundsätzlich nur auf die Veräußerung von Immobilien. Hintergrund für die Veröffentlichung dieser Mitteilung war die Erfahrung der Kommission, dass Kommunen versuchen, durch verbilligte Grundstücke

---

[93] Bericht über die Wettbewerbspolitik 2006, 44.
[94] Insbesondere infolge der Wiedervereinigung oblag es der bundeseigenen Treuhandanstalt die ehemaligen Volkseigenen Betriebe der DDR nach den Grundsätzen der Marktwirtschaft zu privatisieren.
[95] XXI. Bericht über die Wettbewerbspolitik 1991, Rn. 248; XXII. Bericht über die Wettbewerbspolitik 1992, Rn. 464.
[96] SOLTÉSZ/BIELESZ, EuZW 2004, 391 (393); VAN YSENDYCK in: von der Groeben/Schwarze, Kommentar zum EU-/EG-Vertrag, Art. 87 EGV, Rn. 73.
[97] XXIII. Bericht über die Wettbewerbspolitik 1993.
[98] XXIII. Bericht über die Wettbewerbspolitik 1993, Rn. 403.
[99] Vgl. bspw. Entscheidung 2008/719/EG der Kommission, ABl. EU 2008, Nr. L 239, 32, Rn. 103 (Bank Burgenland); Entscheidung 2002/896/EG der Kommission, ABl. EG 2002, Nr. L 314, 62, Rn. 28 (Gothaer Fahrzeugtechnik); Entscheidung 2000/513/EG der Kommission, ABl. EG 2000, Nr. L 206, 6, Rn. 10 (Stardust Marine).
[100] Mitteilung der Kommission betreffend Elemente staatlicher Beihilfe bei Verkäufen von Bauten oder Grundstücken durch die öffentliche Hand, ABl. EG 1997, Nr. C 209, 3.

Investoren anzulocken um damit die eigenen Gewerbesteuereinnahmen zu erhöhen. Eine solche Vorgehensweise würde dann mit dem Gemeinschaftsrecht kollidieren, wenn das öffentliche Eigentum unter dem Marktwert verkauft wird. In diesem Falle könnte darin eine gemäß Art. 87 EGV verbotene Beihilfe liegen. Daher möchte die Kommission mit dieser Mitteilung sicherstellen, dass öffentliches Grundeigentum nicht unter seinem Marktwert veräußert wird[101]. Dies kann in der Regel dadurch gewährleistet werden, dass der Verkauf im Wege eines hinreichend publizierten, allgemeinen und bedingungsfreien Bietverfahrens an den Meistbietenden oder den einzigen Bieter erfolgt. Dem steht gleichwertig der Verkauf nach Wertermittlung durch einen unabhängigen Sachverständigen gegenüber. Alle anderen Veräußerungsmethoden sind potentiell beihilfenverdächtig und daher bei der Kommission anzumelden[102].

Mittlerweile ist anerkannt, dass sich der Anwendungsbereich der Grundstücksmitteilung, mit gewissen Einschränkungen, auch auf andere Gebiete, einschließlich des Verkaufs von Unternehmen, erstreckt[103]. Auch die Grundstücksmitteilung wird noch immer von der Kommission bei der Beurteilung von Privatisierungsvorgängen herangezogen[104]. Sie ergänzt somit die im XXIII. Wettbewerbsbericht aufgestellten Leitlinien[105].

3. Mitteilung der Kommission vom 1.8.2006

Die „Mitteilung der Kommission zu Auslegungsfragen in Bezug auf das Gemeinschaftsrecht, das für die Vergabe öffentlicher Aufträge gilt, die nicht oder nur teilweise unter die Vergaberichtlinien fallen"[106] gibt praktische Hinweise für die Vergabe öffentlicher Aufträge im Unterschwellenbereich. Die Kommission weist darin ausdrücklich darauf hin, dass diese Mitteilung keine neuen rechtlichen Regeln einführt, sondern lediglich die

---

[101] *FRENZ*, Handbuch Europarecht, 91, Rn. 269.
[102] Mitteilung der Kommission betreffend Elemente staatlicher Beihilfe bei Verkäufen von Bauten oder Grundstücken durch die öffentliche Hand, ABl. EG 1997, Nr. C 209, 3 (5).
[103] Entscheidung 2008/719/EG der Kommission, ABl. EU 2008, Nr. L 239, 32, Rn. 106 (Bank Burgenland); *BERGER*, ZfBR 2002, 134 (135).
[104] Entscheidung 2008/719/EG der Kommission, ABl. EU 2008, Nr. L 239, 32, Rn. 106 (Bank Burgenland); *WILLENBRUCH* in: Willenbruch/Bischoff, Kompaktkommentar Vergaberecht, § 99 GWB, Rn. 14.
[105] Entscheidung 2000/628/EG der Kommission, ABl. EG 2000, Nr. L 265, 15, Rn. 85 (Centrale del Latte di Roma); *FRENZ*, Handbuch Europarecht, 98, Rn. 288; *Jaeger*, EuZW 2007, 499 (500).
[106] Mitteilung der Kommission zu Auslegungsfragen in Bezug auf das Gemeinschaftsrecht, das für die Vergabe öffentlicher Aufträge gilt, die nicht oder nur teilweise unter die Vergaberichtlinien fallen, ABl. EU 2006, Nr. C 179, 2.

Rechtsprechung des EuGH interpretiert[107]. Sie erläutert, wie öffentliche Auftraggeber ihr Verhalten mit den vom Gerichtshof entwickelten Grundsätzen der Nichtdiskriminierung, Gleichbehandlung und Transparenz in Einklang bringen können[108]. Kernelement ist die Aussage, dass öffentliche Auftraggeber auch geringwertige Aufträge transparent und diskriminierungsfrei ausschreiben müssen[109].

Auch wenn die Mitteilung ausdrücklich nur Aufträge im Unterschwellenbereich und nachrangige Dienstleistungen betrifft[110], so können ihr doch grundlegende Aussagen über die o.g. Grundsätze entnommen werden, welche möglicherweise auf die Veräußerung staatlichen Anteilsvermögens übertragbar sind. Insbesondere die Tatsache, dass die Kommission eine vorherige Bekanntmachung der Auftragsvergabe fordert[111], obwohl die genannten Aufträge nicht vom sekundärrechtlichen Vergaberecht erfasst sind, bestätigt die Vermutung der Existenz eines primärrechtlichen Vergaberegimes.

V. Verfassungsrecht

Auch deutsches Verfassungsrecht kann unter Umständen Anforderungen an Privatisierungsprozesse stellen. Von Relevanz ist dabei vor allem der aus Art. 3 I GG abgeleitete Grundsatz der Selbstbindung der Verwaltung. Hat beispielsweise ein Verwaltungsträger bereits Vermögenswerte im Wege einer öffentlichen Ausschreibung veräußert, kann er von dieser Praxis nicht ohne weitere sachliche Begründung abweichen[112]. Nachteilig an diesem Umweg über den Selbstbindungsgrundsatz ist jedoch, dass eine solche Selbstbindung nur innerhalb des Zuständigkeitsbereiches der jeweiligen Behörde gilt[113]. Daher wird zum Teil auch eine direkt auf Art. 3 I GG gestützte Pflicht zur transparenten und willkürfreien Auswahl abgelei-

---

[107] Mitteilung der Kommission zu Auslegungsfragen in Bezug auf das Gemeinschaftsrecht, das für die Vergabe öffentlicher Aufträge gilt, die nicht oder nur teilweise unter die Vergaberichtlinien fallen, ABl. EU 2006, Nr. C 179, 2 (2).
[108] LUTZ, VergabeR 2007, 372 (372); SCHNIEDERS, DVBl 2007, 287 (290).
[109] Mitteilung der Kommission zu Auslegungsfragen in Bezug auf das Gemeinschaftsrecht, das für die Vergabe öffentlicher Aufträge gilt, die nicht oder nur teilweise unter die Vergaberichtlinien fallen, ABl. EU 2006, Nr. C 179, 2 (2 f.).
[110] Ebenda.
[111] Ebenda.
[112] BRAUN, VergabeR 2007, 17 (21); KANNENGIEßER in: Schmidt-Bleibtreu/Hofmann/Hopfauf, Kommentar zum GG, Art. 3, Rn. 45; RUDOLF in: Byok/Jaeger, Kommentar zum Vergaberecht, Einführung, Rn. 85.
[113] HEUN in: Dreier, Grundgesetz-Kommentar, Bd. 1, Art. 3, Rn. 57.

tet[114]. Dem ist wohl eher zuzustimmen, da die Verwaltung gemäß Art. 1 III GG in jedem Falle an den Gleichheitssatz gebunden ist.

Eine solche Gleichbehandlung beinhaltet ein Verfahren, in dem alle Interessenten anhand sachbezogener und gleich bleibender Kriterien miteinander in Wettbewerb treten[115]. Dies setzt naturgemäß voraus, dass alle potentiellen Käufer durch eine öffentliche Ausschreibung von der geplanten Veräußerung Kenntnis erlangen können. Dass der Gleichheitssatz gemäß Art. 19 III GG auch auf – zumindest inländische – juristische Personen Anwendung findet, steht dabei außer Zweifel[116]. Im Ergebnis begründet auch Art. 3 I GG eine vergaberechtsähnliche Ausschreibungspflicht.

Weiterhin erfordert das Gebot des effektiven Rechtsschutzes gemäß Art. 19 IV GG eine nachprüfbare Verkaufsentscheidung, die unterlegenen Bewerbern die Möglichkeit eröffnet, das Veräußerungsverfahren gerichtlich überprüfen zu lassen[117]. Daher dürfte ein ordnungsgemäßes Verfahren häufig die einzige Möglichkeit sein, Grundrechte zugunsten potentieller Interessenten zu gewährleisten[118].

VI. Kartellrechtliches Diskriminierungsverbot

Möglicherweise ergeben sich Ausschreibungspflichten bei der Veräußerung staatlichen Vermögens auch aus dem Behinderungs- und Diskriminierungsverbot des GWB. Gemäß § 20 I Alt. 2 GWB darf ein marktbeherrschendes Unternehmen „[...] *ein anderes Unternehmen in einem Geschäftsverkehr, der gleichartigen Unternehmen üblicherweise zugänglich ist, weder unmittelbar noch mittelbar unbillig behindern oder gegenüber gleichartigen Unternehmen ohne sachlich gerechtfertigten Grund unmittelbar oder mittelbar unterschiedlich behandeln*". Solche auf die §§ 19, 20 GWB gestützten Ausschreibungspflichten sind beispielsweise bei der Vermietung von Räumlichkeiten in Zulassungsstellen an KFZ-Schilderpräger anerkannt[119].

---

[114] BRAUN, VergabeR 2006, 657 (658); DIETLEIN, NZBau 2004, 472 (473); EGGERS/MALMENDIER, NJW 2003, 780 (782); KLEIN, VergabeR 2005, 22 (24).
[115] BURGI, NZBau 2005, 610 (613).
[116] KANNENGIEßER in: Schmidt-Bleibtreu/Hofmann/Hopfauf, Kommentar zum GG, Art. 3, Rn. 12.
[117] BURGI, NZBau 2005, 610 (616); EGGERS/MALMENDIER, NJW 2003, 780 (782).
[118] EGGERS/MALMENDIER, NJW 2003, 780 (782).
[119] BGH, NJW 1998, 3778 (3780); BERGER, ZfBR 2002, 134 (135); EMMERICH/REHBINDER/MARKERT in: Immenga/Mestmäcker, Wettbewerbsrecht GWB, § 130, Rn. 91 m.w.N.

Da das GWB nicht nur auf Unternehmen im Eigentum der öffentlichen Hand, sondern auch auf die öffentliche Hand selbst Anwendung findet (§ 130 I GWB)[120], kommt es entscheidend darauf an, ob das Kriterium der Marktbeherrschung bzw. der relativen Marktmacht i.S.d. § 19 II GWB erfüllt ist. Demnach ist ein Unternehmen marktbeherrschend, soweit es als Anbieter oder Nachfrager einer bestimmten Art von Waren oder gewerblichen Leistungen auf dem sachlich und räumlich relevanten Markt ohne Wettbewerber ist oder keinem wesentlichen Wettbewerb ausgesetzt ist. Dabei kann es nicht auf den Marktanteil des betreffenden Unternehmens ankommen[121]. Vielmehr bildet das zu veräußernde Unternehmen selbst einen eigenständigen, temporären Markt[122], denn auch Unternehmen bzw. Anteile daran können Waren i.S.d. § 19 II 1 GWB sein[123]. Dem Argument *Bergers*, wonach sich der räumliche Markt für die betreffenden - Unternehmensanteile auf ganz Europa erstreckt und daher in dieser Hinsicht nur ein geringer Marktanteil bestehe[124], kann nicht gefolgt werden. Richtig ist zwar, dass der betreffende Markt ein internationaler ist. Allerdings handelt es sich dabei nicht um einen Markt für Unternehmensanteile allgemein, sondern um einen ganz speziellen sachlichen Markt, der gerade nur Anteile an dem zu veräußernden Unternehmen umfasst. Es fehlt an der funktionellen Austauschbarkeit, d.h. der Möglichkeit, dass potentielle Käufer die Anteile an verschiedenen öffentlichen Unternehmen für substituierbar erachten. Die öffentliche Hand als Veräußerer hat auf diesem Markt somit einen Anteil von 100% und ist daher marktbeherrschend.

Im Ergebnis lässt sich festhalten, dass auch § 20 I GWB ein transparentes Bieterverfahren erforderlich machen kann[125].

---

[120] *Dietlein*, NZBau 2004, 472 (474); *Klein*, VergabeR 2005, 22 (24).
[121] A.A. *Eggers/Malmendier*, NJW 2003, 780 (783).
[122] *Dietlein*, NZBau 2004, 472 (473); *Klein*, VergabeR 2005, 22 (25); in diesem Sinne auch *Fischer*, VergabeR 2004, 1 (4), der bei der Vergabe eines öffentlichen Auftrages im Wege einer Ausschreibung von der Schaffung eines eigenen Marktes ausgeht.
[123] *Dietlein*, NZBau 2004, 472 (473); *Klein*, VergabeR 2005, 22 (25); *Möschel* in: Immenga/Mestmäcker, Wettbewerbsrecht GWB, § 19, Rn. 34.
[124] *Berger*, ZfBR 2002, 134 (135).
[125] So auch *Dietlein*, NZBau 2004, 472 (473); *Eggers/Malmendier*, NJW 2003, 780 (783); *Klein*, VergabeR 2005, 22 (25); *Wellmann*, NZBau 2002, 431 (432).

VII. Haushaltsrecht

Der Verkauf öffentlichen Eigentums und somit auch der Verkauf von Geschäftsanteilen an öffentlichen Unternehmen unterliegt dem jeweiligen Haushaltsrecht des Bundes, der Länder und der Kommunen. § 63 III 1 BHO bzw. die wortgleichen Landes- und Gemeindehaushaltsverordnungen gebieten daher regelmäßig, dass staatliches Vermögen nur zum vollen Wert veräußert werden darf[126]. Der volle Wert eines Vermögensgegenstandes ist der Wert, der sich bei einer Veräußerung unter voller Ausnutzung aller Möglichkeiten am Markt erzielen lässt; in der Regel ist dies der Verkehrswert[127]. Eine öffentliche Ausschreibung kann diesem Ziel wohl am ehesten gerecht werden, zwingend ist sie aber nicht. Auch Wertermittlungen durch Sachverständigengutachten sind zulässig.

Da das Haushaltsrecht als reines Innenrecht potentiellen Interessenten keine subjektiven Rechte verleiht[128], können diese ein offenes Bietverfahren nicht erzwingen bzw. einen freihändigen Verkauf nicht verhindern.

---

[126] BERGER, ZfBR 2002, 134 (135); BRAUN, VergabeR 2006, 657 (658); DIETLEIN, NZBau 2004, 472 (473); KLEIN, VergabeR 2005, 22 (24).
[127] BERGER, ZfBR 2002, 134 (135).
[128] OTTING/OHLER in: Hoppe/Uechtritz, Handbuch Kommunale Unternehmen, 564, Rn. 14; WILLENBRUCH in: Willenbruch/Bischoff, Kompaktkommentar Vergaberecht, § 99 GWB, Rn. 62.

D. Ausschreibungspflichten nach dem Vergaberecht

Veräußert der Staat oder seine Untergliederungen als öffentlicher Auftraggeber i.S.d. § 98 GWB Vermögen, hat er zuvor zu prüfen, ob diese Veräußerung in einem förmlichen Vergabeverfahren gemäß den §§ 97 ff. GWB zu erfolgen hat[129]. Die Anwendbarkeit des Kartellvergaberechts ist dabei anhand der folgenden vier Voraussetzungen zu beurteilen: Der persönliche Anwendungsbereich muss eröffnet sein (I.), es muss ein öffentlicher Auftrag vorliegen (II.) und bestimmte Schwellenwerte müssen überschritten sein (III.). Schließlich darf auch keine der in § 100 II GWB normierten Ausnahmen einschlägig sein (IV.).

I. Persönlicher Anwendungsbereich

Die Frage, *wer* das Vergaberecht der §§ 97 ff. GWB zu beachten hat, beantwortet § 98 GWB (Art. 1 IX Richtlinie 2004/18/EG). Der darin enthaltenen Aufzählung öffentlicher Auftraggeber liegt ein funktionaler Auftraggeberbegriff zugrunde. Während bis Ende der 1980er Jahre der institutionelle Auftraggeberbegriff, d.h. die Zugehörigkeit einer Einheit zum Staat bzw. seinen Untergliederungen, ausschlaggebend war, ist seit der Entscheidung des EuGH in der Rechtssache „Beentjes"[130] auf den funktionellen Auftraggeberbegriff abzustellen. Danach ist auch eine Einrichtung, die von der öffentlichen Hand abhängig ist, als dem Staat zugehörig anzusehen, auch wenn sie formell kein Bestandteil desselben ist[131]. Grund dafür ist, dass es nicht im Belieben der Mitgliedstaaten stehen darf, eine Einrichtung dem Vergaberecht zu entziehen, nur weil sie zwar nicht förmlich, jedoch wirtschaftlich in die staatliche Verwaltung eingegliedert ist. Anderenfalls wäre das Ziel der Vergaberichtlinien, nämlich die Niederlassungsfreiheit und den freien Dienstleistungsverkehr zu gewährleisten, gefährdet[132]. Es kommt also entscheidend darauf an, ob die Auftrag gebende Stelle in ihrem Handeln den Kräften des freien Marktes unterliegt und somit aus unmittelbarem Eigeninteresse gezwungen ist, wirtschaftlich zu beschaffen, oder, um es mit den Worten des EuGH auszudrücken, die Gefahr besteht, dass sie „[...] *sich von anderen als wirtschaftlichen Ü-*

---

[129] KRUTISCH, NZBau 2003, 650 (650).
[130] EuGH, Rs. C-31/87, Slg. 1988, 4635, Gebroeders Beentjes BV / Niederländischer Staat.
[131] EuGH, Rs. C-31/87, Slg. 1988, 4635, Gebroeders Beentjes BV / Niederländischer Staat, Rn. 11 f.
[132] Ebenda.

berlegungen leiten lässt"[133]. Ob eine Einrichtung dem öffentlichen oder privaten Sektor zuzuordnen ist, spielt keine Rolle. Insbesondere im Bereich ehemaliger Staatsunternehmen besteht zum Teil noch kein echter Wettbewerb, so dass bestimmte Sektorenauftraggeber weiterhin, zumindest teilweise, an das Vergaberecht gebunden sind. Somit können auch private Gesellschaften öffentliche Auftraggeber sein[134]. In den nachfolgenden Betrachtungen wird davon ausgegangen, dass die öffentliche Auftraggebereigenschaft unzweifelhaft ist.

II. Sachlicher Anwendungsbereich

§ 99 I GWB (Art. 1 II Richtlinie 2004/18/EG) gibt Auskunft darüber, wann ein öffentlicher Auftrag vorliegt und somit der sachliche Anwendungsbereich des Kartellvergaberechts eröffnet ist. Demnach sind öffentliche Aufträge *"[...] entgeltliche Verträge zwischen öffentlichen Auftraggebern und Unternehmen, die Liefer-, Bau- oder Dienstleistungen zum Gegenstand haben, und Auslobungsverfahren, die zu Dienstleistungsaufträgen führen sollen"*.

Zum Schutz des Wettbewerbs spricht vieles dafür, den Begriff des Auftrags, ebenso wie den des Auftraggebers, weit und in einem funktionalen Sinne auszulegen[135]. Dabei ist zu untersuchen, ob bei materieller Betrachtung ein öffentlicher Auftrag vorliegt[136]. Mithin kommt es also nicht auf die Rechtsform des Geschäfts an, sondern darauf, ob darin bei einer wirtschaftlichen Gesamtbetrachtung eine Beschaffungsfunktion zu sehen ist[137]. Unerheblich ist, ob es sich um öffentlich-rechtliche oder privatrechtliche Verträge handelt[138]. Unter Umständen können auch Verwaltungsakte öffentliche Aufträge i.S.d. § 99 GWB darstellen[139].

Grundsätzlich liegt ein öffentlicher Auftrag vor, wenn der öffentliche Auftraggeber wie ein privater Nachfrager am Markt auftritt und sich dort

---

[133] EuGH, Rs. C-380/98, Slg. 2000, I-8035, The Queen / University of Cambridge, Rn. 17.
[134] ESCHENBRUCH in: Kulartz/Kus/Portz, Kommentar zum GWB-Vergaberecht, § 98, Rn. 20 f.
[135] SCHIMANEK, NZBau 2005, 304 (306).
[136] ZEISS in: jurisPK-VergR, § 99 GWB, Rn. 12.
[137] JAEGER, NZBau 2001, 6 (7); SCHIMANEK, NZBau 2005, 304 (306).
[138] EuGH, Rs. C-399/98, Slg. 2001, I-5409, Ordine degli Architetti / Commune di Milano, Rn. 73; BURGI, NZBau 2002, 57 (60); BYOK, NJW 2001, 2295 (2298); ESCHENBRUCH, in: Kulartz/Kus/Portz, Kommentar zum GWB-Vergaberecht, § 99, Rn. 20; KOENIG/HARATSCH, NJW 2003, 2637 (2639).
[139] KOENIG/HARATSCH, NJW 2003, 2637 (2639).

Leistungen entgeltlich beschafft[140]. Der Entgeltbegriff wird dabei sehr weit interpretiert und umfasst jeden geldwerten Vorteil[141].

Zur Beurteilung, ob ein Beschaffungsvorgang vorliegt, sind die Phasen einer materiellen Privatisierung einzeln zu betrachten und nach Fallgruppen zu unterscheiden.

1. Gründung einer Gesellschaft des Privatrechts

Fraglich ist, ob schon die Gründung einer privatrechtlichen Gesellschaft (formelle Privatisierung) ein öffentlicher Auftrag i.S.d. § 99 GWB ist.

Nach ganz überwiegender Auffassung unterfällt der Abschluss von Gesellschaftsverträgen und somit die Gründung einer privatrechtlichen Gesellschaft nicht dem Vergaberecht, da sie auch bei funktionaler Betrachtung keinen Beschaffungsvorgang, sondern nur einen bloßen Formwechsel darstellt[142]. Als Organisationsprivatisierung ist sie Ausfluss der verfassungsrechtlich garantierten Organisationsfreiheit der Kommune (Art. 28 II GG), die frei darüber entscheiden kann, in welcher Form sie ihre Aufgaben wahrnimmt[143] (reiner verwaltungsinterner „Umorganisierungsakt").

Dabei stellt sich jedoch die Frage, ob jede Auftragsvergabe an eine Eigengesellschaft, sei es schon bei der Gründung oder erst später, dem Anwendungsbereich des Kartellvergaberechts entzogen ist. Probleme ergeben sich auch dann, wenn mit der Gründung der Eigengesellschaft zugleich privatrechtliche Wirtschaftssubjekte Mitgesellschafter werden oder die neue Gesellschaft in ihrer Geschäftspolitik derart eigenständig ist, dass der öffentliche Anteilseigner nur noch eingeschränkte Weisungsrechte gegenüber den Gesellschaftsorganen ausüben kann. Dieser Problembereich wird in der Literatur unter dem Begriff „In-House-Vergabe" oder „Eigenvergabe" diskutiert. In der Rechtsprechung wird dieser Begriff nicht verwandt, stattdessen findet sich die Umschreibung des „[...] Vertrag[es]

---

[140] ZEISS in: jurisPK-VergR, § 99 GWB, Rn. 17.
[141] HAILBRONNER in: Byok/Jaeger, Kommentar zum Vergaberecht, § 99 GWB, Rn. 457; SCHIMANEK, NZBau 2005, 304 (305).
[142] DREHER in: Immenga/Mestmäcker, Wettbewerbsrecht GWB, § 99, Rn. 84; ENDLER, NZBau 2002, 125 (130); HAILBRONNER in: Byok/Jaeger, Kommentar zum Vergaberecht, § 99 GWB, Rn. 455; MASING, ZfBR 2002, 450 (450); SCHIMANEK, NZBau 2005, 304 (306); STICKLER in: Reidt/Stickler/Glahs, Vergaberecht – Kommentar, § 99 GWB, Rn. 4, 43.
[143] ENDLER, NZBau 2002, 125 (130); MASING, ZfBR 2002, 450 (450).

zwischen einer Gebietskörperschaft und einer rechtlich von dieser verschiedenen Person"[144].

a) In-House-Vergabe

Wenn eine Kommune ihr rechtlich nicht selbstständiges Unternehmen (z.B. Eigenbetrieb, nichtrechtsfähige Anstalt, verselbstständigte Abteilung)[145] mit der Erbringung von Leistungen beauftragt (In-House-Vergabe im engeren Sinn)[146], fehlt es schon am Tatbestandsmerkmal des Vertrages (§ 99 I GWB), da ein solcher immer zwei verschiedene Personen voraussetzt. Eine solche Auftragsvergabe fällt daher nicht unter das Vergaberecht.

Davon ist die In-House-Vergabe im weiteren Sinn (quasi In-House-Vergabe[147]) zu unterscheiden: Hier erfolgt die Vergabe eines kommunalen Auftrages an ein Unternehmen mit eigener Rechtspersönlichkeit, an dem die Kommune beteiligt ist[148]. Grundsätzlich liegt in diesem Fall ein Vertrag zwischen einem öffentlichen Auftraggeber und einem Unternehmen vor, § 99 I GWB. Da es aber für potentielle Leistungserbringer auf den Beschaffungsmärkten keinen Unterschied macht, ob der öffentliche Auftraggeber seinen internen Leistungsaustausch über einen rechtlich unselbstständigen Eigenbetrieb oder über eine Eigengesellschaft in privater Rechtsform, an der er zu 100% beteiligt ist, abwickelt, hat der EuGH für solche Fälle Ausnahmen von der europaweiten Ausschreibungspflicht zugelassen. In seiner „Teckal"- Entscheidung aus dem Jahr 1999 führt er aus, dass die Vergaberichtlinien dann keine Anwendung finden, *„[...] wenn die Gebietskörperschaft über die fragliche Person eine Kontrolle ausübt wie über ihre eigenen Dienststellen und wenn diese Person zugleich ihre Tätigkeit im Wesentlichen für die Gebietskörperschaft oder die Gebietskörperschaften verrichtet, die ihre Anteile innehaben"*[149]. Auch wenn hier förmlich eine Personenverschiedenheit und somit ein öffentlicher Auftrag vorliegt, nimmt der EuGH nach Sinn und Zweck des Vergaberechts eine Reduzierung des

---

[144] EuGH, Rs. C-107/98, Slg. 1999, I-8121, Teckal Srl / Gemeinde Viano, Rn. 50; EuGH, Rs. C-458/03, Slg. 2005, I-8585, Parking Brixen GmbH / Gemeinde Brixen AG, Rn. 58.
[145] *Masing*, ZfBR 2002, 450 (451).
[146] *Otting/Ohler* in: Hoppe/Uechtritz, Handbuch Kommunale Unternehmen, 567, Rn. 22.
[147] Im Folgenden ist mit In-House-Vergabe immer die In-House-Vergabe im weiteren Sinn (quasi In-House-Vergabe) gemeint.
[148] *Otting/Ohler* in: Hoppe/Uechtritz, Handbuch Kommunale Unternehmen, 568, Rn. 22.
[149] EuGH, Rs. C-107/98, Slg. 1999, I-8121, Teckal Srl / Gemeinde Viano, Rn. 50.

Anwendungsbereichs vor (teleologische Reduktion des Auftragsbegriffs[150]), da sich solche In-Sich-Geschäfte im internen Verwaltungsbereich abspielen und daher nicht dem Wettbewerb unterliegen[151]. Der BGH hat sich dieser „Teckal"-Rechtsprechung ausdrücklich angeschlossen[152]. Auch der Regierungsentwurf eines Gesetzes zur Modernisierung des Vergaberechts[153] enthält für § 99 I GWB eine fast wortgleiche Formulierung der oben zitierten „Teckal"-Entscheidung.

Da die Kriterien der „Kontrolle wie über eine eigene Dienststelle" und der „Tätigkeit im Wesentlichen für den öffentlichen Anteilseigner" von den Kommunen großzügiger ausgelegt wurden als vom EuGH beabsichtigt, hatte er in nachfolgenden Entscheidungen Gelegenheit, diese Anforderungen an vergaberechtsfreie Innengeschäfte näher zu konkretisieren. Dabei zog er die Grenzen des In-House-Privilegs immer enger[154].

aa) Kontrollkriterium

Was unter einer „Kontrolle wie über eine eigene Dienststelle" zu verstehen ist, war lange Zeit ungeklärt. Fraglich war vor allem, mit welchem Mindestanteil ein öffentlicher Auftraggeber an einer gemischtwirtschaftlichen Gesellschaft beteiligt sein muss, um das Kontrollkriterium noch zu erfüllen. Das Spektrum der Literaturmeinungen reichte von einer gesellschaftsrechtlichen Beherrschung, die unter Umständen auch schon bei einem Anteil von knapp über 50% gegeben sein kann[155], bis zu einer 100%igen öffentlichen Beteiligung, die die Beteiligung privaten Kapitals vollständig ausschließt[156]. Seit der „Stadt Halle" Entscheidung[157] des EuGH ist diese Diskussion beendet. Demnach besteht eine dienststellenähnliche Kontrolle nur dann, wenn sich das privatrechtliche Unternehmen vollständig im Besitz des öffentlichen Auftraggebers befindet[158]. Ande-

---

[150] DREHER, NZBau 2008, 93 (95).
[151] SCHIMANEK, NZBau 2005, 304 (308).
[152] BGHZ 148, 55 (62).
[153] RegE eines Gesetzes zur Modernisierung des Vergaberechts, BT-Drs. 16/10117, 1 (5).
[154] KÜHLING, ZfBR 2006, 661 (664).
[155] ENDLER, NZBau 2005, 125 (131).
[156] Für eine vollständige bzw. annähernd vollständige öffentliche Beteiligung: JENNERT, WRP 2004, 1011 (1014); JAEGER, NZBau 2001, 6 (10) (mind. 90%); DREHER, NZBau 2001, 360 (363), der auf die konkreten gesellschaftsvertraglichen Regelungen abstellt und eine dienststellenähnliche Kontrolle schon dann verneinte, wenn Minderheitsgesellschafter Blockade- oder Vetorechte besitzen.
[157] EuGH, Rs. C-26/03, Slg. 2006, I-4137, Stadt Halle / TREA Leuna.
[158] EuGH, Rs. C-26/03, Slg. 2006, I-4137, Stadt Halle / TREA Leuna, Rn. 52.

renfalls liegt keine Eigenherstellung, sondern eine Beschaffung vor (aus der „make" wird eine „buy" Entscheidung)[159].

Schwierigkeiten wirft das Kontrollkriterium noch in Fällen auf, bei denen die 100%ige Eigengesellschaft in Form einer Aktiengesellschaft organisiert ist. In der Rechtssache „Parking Brixen" entschied der EuGH, dass in solchen Fällen eine dienststellenähnliche Kontrolle nur dann vorliegen kann, wenn der öffentliche Anteilseigner sowohl auf die strategischen Ziele als auch auf die wichtigen Entscheidungen dieser Gesellschaft einen ausschlaggebenden Einfluss nehmen kann[160]. Für die Anwendbarkeit des In-House-Privilegs muss daher sichergestellt sein, dass der öffentliche Anteilseigner, beispielsweise über Beherrschungsverträge i.S.d. § 291 AktG, direkten Einfluss auf die Tätigkeit des Vorstandes ausüben kann. Gleiches gilt für Konstellationen, bei denen der Auftrag über eine zwischengeschaltete Gesellschaft, z.B. eine Holding, an die Enkelgesellschaft vergeben wird.

bb) Wesentlichkeitskriterium

Die zweite im „Teckal"-Urteil aufgestellte Bedingung betrifft den Umfang der Tätigkeiten, den die Eigengesellschaft für andere als den öffentlichen Anteilseigner erbringen darf. Könnte diese Gesellschaft uneingeschränkt am Markt agieren, bestünde die Gefahr, dass sie mit anderen Unternehmen in Wettbewerb tritt, aufgrund der vergaberechtsfrei erhaltenen In-House-Aufträge jedoch über eine den Wettbewerb verfälschende Zusatzposition verfügen würde[161]. Größenvorteile, die der Eigengesellschaft durch die konkurrenzlos erhaltenen öffentlichen Aufträge zugute kämen, würden sie in die Lage versetzen, ihre Leistungen zu Konditionen anzubieten, zu denen private Konkurrenten diese Leistungen nicht erbringen könnten.

Auch wenn dieses Kriterium noch nicht restlos geklärt ist, steht zumindest fest, dass die 80%-Schwelle in § 10 VgV (Art. 23 III Richtlinie 2004/17/EG) keine analoge Anwendung findet[162]. Danach ist die Sektorenrichtlinie auf Sektorenauftraggeber, die Aufträge an ein verbundenes Unternehmen vergeben, welches mindestens 80% des durchschnittlichen

---

[159] KÜHLING, ZfBR 2006, 661 (662).
[160] EuGH, Rs. C-458/03, Slg. 2005, I-8585, Parking Brixen GmbH / Gemeinde Brixen, Rn. 65; EuGH, Rs. C-340/04, Slg. 2006, I-4137, Carbotermo SpA / Commune di Busto Arsizio, Rn. 36.
[161] ZIEKOW, VergabeR 2006, 608 (618).
[162] EuGH, Rs. C-340/04, Slg. 2006, I-4137, Carbotermo SpA / Commune di Busto Arsizio, Rn. 57.

Umsatzes der letzten drei Jahre mit der Muttergesellschaft erzielt, nicht anzuwenden. Zwar böte eine solche feste Größe ein hohes Maß an Rechtssicherheit; als Ausnahmevorschrift, die nur im Bereich der Sektorenauftraggeber gilt, ist sie jedoch eng auszulegen, so dass sich eine analoge Anwendung verbietet. Vielmehr muss der öffentliche Auftragnehmer seine Tätigkeit nahezu vollständig für seinen öffentlichen Anteilseigner verrichten, wobei jede andere Tätigkeit nur rein nebensächlich sein darf [163].

cc) Dauerhaftigkeitskriterium

Eine weitere Einschränkung des In-House-Privilegs nahm der EuGH im Urteil „ANAV"[164] vor. Hier ließ das Gericht eine freihändige Vergabe einer Dienstleistungskonzession schon dann nicht zu, wenn lediglich beabsichtigt ist, die Eigengesellschaft während der Laufzeit der Konzession privatem Kapital zu öffnen. Unerheblich war dabei, dass es sich um eine nicht dem Vergaberecht unterfallende Dienstleistungskonzession handelte, da aus dem europäischen Primärrecht auch für solche Vergaben eine Ausschreibungspflicht abgeleitet wird[165]. Eine In-House-Vergabe ist somit schon dann ausgeschlossen, wenn eine Beteiligung Privater während der Vertragslaufzeit geplant ist. Unschädlich ist dagegen, zumindest vorerst, die bloß theoretische Möglichkeit einer solchen Beteiligung[166].

b) Zwischenergebnis

Bei einer vollständigen materiellen Privatisierung scheidet das In-House-Privileg naturgemäß aus, da sich die beauftragte Gesellschaft nicht mehr „im Hause", also in der Sphäre des Auftraggebers befindet. Auch bei einer teilweisen materiellen Privatisierung, bei der neben dem öffentlichen Auftraggeber auch ein privates Unternehmen am Auftragnehmer betei-

---

[163] EuGH, Rs. C-340/04, Slg. 2006, I-4137, Carbotermo SpA / Commune di Busto Arsizio, Rn. 63.

[164] EuGH, Rs. C-410/04, Slg. 2006, I-3303, ANAV / Comune di Bari.

[165] EuGH, Rs. C-324/98, Slg. 2000, I-10745, Teleaustria Verlags GmbH / Telekom Austria AG, Rn. 61 f.; EuGH, Rs. C-458/03, Slg. 2005, I-8585, Parking Brixen GmbH / Gemeinde Brixen, Rn. 50; EuGH, Rs. C-410/04, Slg. 2006, I-3303, ANAV / Comune di Bari, Rn. 22; Mitteilung der Kommission zu Auslegungsfragen im Bereich Konzessionen im Gemeinschaftsrecht, ABl. EG 2000, Nr. C 121, 2 (7).

[166] EuGH, Rs. C-371/05, Kommission / Italien, noch nicht in der amtlichen Sammlung veröffentlicht, VergabeR 2008, 918 (921); Mitteilung der Kommission zu Auslegungsfragen in Bezug auf die Anwendung der gemeinschaftlichen Rechtsvorschriften für öffentliche Aufträge und Konzessionen auf institutionalisierte Öffentlich Private Partnerschaften, C(2007)6661, 2 (4).

ligt ist, lässt der EuGH seit dem „Stadt Halle" Urteil eine vergaberechtsfreie Beauftragung nicht mehr zu. Das Gleiche gilt für funktionale Privatisierungen (z.b. Konzessionsmodelle), da hierbei das private Unternehmen nicht von der öffentlichen Hand beherrscht wird[167]. Einzig bei der formellen Privatisierung ist unter den engen Voraussetzungen der „Teckal"-Rechtsprechung eine In-House-Vergabe (noch) möglich.

2. Veräußerung von Geschäftsanteilen

Nachdem der öffentliche Eigenbetrieb formell privatisiert, d.h. in eine Eigengesellschaft in Privatrechtsform umgewandelt wurde, ist zur vergaberechtlichen Beurteilung einer anschließenden materiellen Privatisierung zunächst danach zu unterscheiden, ob in dieser Gesellschaft zugleich ein Beschaffungsverhältnis mit dem bisherigen öffentlichen Anteilseigner „eingekapselt" ist. Der Ausdruck des „Gesellschaftsanteils mit eingekapseltem Beschaffungsverhältnis" geht auf *Dreher*[168] zurück und beschreibt die Tatsache, dass die öffentliche Eigengesellschaft von ihrem Anteilseigner in der Vergangenheit (ausschreibungsfrei) Aufträge erhalten hat, die zum Zeitpunkt der Anteilsveräußerung noch nicht vollständig abgearbeitet sind. Eine solche In-House-Vergabe ist unter den o.g. Bedingungen grundsätzlich zulässig[169].

a) Veräußerung ohne eingekapselte Aufträge

Zunächst stellt sich die Frage, ob die Veräußerung von Geschäftsanteilen dem Vergaberecht unterfällt, wenn darin keine Aufträge „eingekapselt" sind.

Bei einer vollständigen materiellen Privatisierung vergibt der Staat keinen Auftrag i.S.d. § 99 GWB. Auch bei weitestgehender Auslegung dieser Vorschrift lässt sich in dem Verkauf eines Unternehmens keine Beschaffung von Leistungen erblicken. Sinn und Zweck des Vergaberechts ist es, eine ungerechtfertigte Bevorzugung einzelner Lieferanten zu vermeiden[170]. Dieser Aspekt kann aber bei einer Veräußerung, mit der nicht zugleich bestehende Aufträge auf den Erwerber übergehen, keine Rolle spielen. Entledigt sich daher die öffentliche Hand vollständig einer Aufgabe, indem sie die Eigengesellschaft, welche bisher für die Durchführung der

---

[167] SCHIMANEK, NZBau 2005, 304 (309).
[168] DREHER, NZBau 2002, 245 (247).
[169] Vgl. D.II.1.a).
[170] OTTING/OHLER in: Hoppe/Uechtritz, Handbuch Kommunale Unternehmen, 584, Rn. 44.

Aufgabe verantwortlich war, an Private veräußert, liegt nach ganz herrschender Meinung kein vergaberechtlich relevanter Beschaffungsvorgang vor[171]. Die nun vollständig materiell privatisierte Gesellschaft erbringt die vormals öffentlichen Aufgaben am Markt, ohne dafür von einem Verwaltungsträger beauftragt zu werden.

Zudem sind Gesellschaftsanteile auch keine Waren, die Gegenstand von Lieferaufträgen i.S.d. Richtlinien sein können. Zwar fallen im Lichte der Warenverkehrsfreiheit auch unkörperliche Dinge wie Strom unter den Warenbegriff, nicht jedoch Handelsgeschäfte als bloße Rechte[172].

Schließlich ist auch das Tatbestandsmerkmal der Entgeltlichkeit nicht erfüllt. Zwar wird auch der Entgeltbegriff in einem funktionalen Sinne verstanden, so dass jede geldwerte Leistung Entgeltlichkeit i.S.d. § 99 I GWB darstellt[173]. Bei einer Veräußerung von Geschäftsanteilen hat der öffentliche Verkäufer aber gerade keine Vergütung zu erbringen, sondern erhält eine solche.

Im Ergebnis liegt daher bei der vollständigen Veräußerung von Gesellschaftsanteilen ohne eingekapseltes Beschaffungsverhältnis kein öffentlicher Auftrag i.S.d. § 99 I GWB vor. In diesen Fällen findet das Vergaberecht keine Anwendung; eine europaweite Ausschreibungspflicht besteht somit nicht. Ansatzpunkte für eine analoge Anwendung des Vergaberechts auf den Normalfall der Veräußerung von Unternehmensanteilen sind mangels einer planwidrigen Regelungslücke nicht gegeben[174].

Zu dem gleichen Ergebnis gelangt man, wenn der öffentliche Anteilseigner nur einen Teil seiner Geschäftsanteile an Private veräußert und damit weiterhin Gesellschafter an dem nun gemischtwirtschaftlichen Unternehmen bleibt. Teilweise wird in diesem Zusammenhang auch das Argument des persönlichen Vertrauensverhältnisses angeführt, welches gegen eine Ausschreibung nach dem Vergaberecht spricht: Wenn man bei der

---

[171] *Dreher* in: Immenga/Mestmäcker, Wettbewerbsrecht GWB, § 99, Rn. 80; *Endler*, NZBau 2002, 125 (132); *Eschenbruch* in: Kulartz/Kus/Portz, Kommentar zum GWB-Vergaberecht, § 99, Rn. 271; *Frenz*, Handbuch Europarecht, 738, Rn. 2436; *Grote-Lüschen/Lübben*, VergabeR 2008, 169 (169); *Kristoferitsch*, EuZW 2006, 428 (431); *Mestmäcker/Schweitzer*, Europäisches Wettbewerbsrecht, § 39, Rn. 32; *Otting/Ohler* in: Hoppe/Uechtritz, Handbuch Kommunale Unternehmen, 590, Rn. 55; *Schimanek*, NZBau 2005, 304 (305); *Stickler* in: Reidt/Stickler/Glahs, Vergaberecht – Kommentar, § 99 GWB, Rn. 43; so auch die Europäische Kommission in der Entscheidung 2000/628/EG, ABl. EG 2000, Nr. L 265, 15, Rn. 88 (Centrale del Latte di Roma).
[172] *Frenz*, Handbuch Europarecht, 739, Rn. 2438.
[173] *Dreher* in: Immenga/Mestmäcker, Wettbewerbsrecht GWB, § 99, Rn. 20.
[174] *Berger*, ZfBR 2002, 134 (135).

Auswahl eines privaten Mitgesellschafters auf vergaberechtliche Verfahren zurückgreifen müsste, würde dem öffentlichen Anteilseigner ein Gesellschafter aufgezwungen werden, der sich möglicherweise aufgrund seiner Kultur, Unternehmensphilosophie oder Arbeitsweise nicht in das bisherige Unternehmensgefüge integrieren lässt. Insbesondere im Hinblick auf die Langfristigkeit einer derart tiefgreifenden Kooperation wäre ein solcher Zwang nicht angemessen[175]. Auch in der Privatwirtschaft scheitern solche Zusammenschlüsse regelmäßig, weil die Chemie zwischen den Partnern nicht stimmt[176]. Dem wird jedoch zu Recht entgegengehalten, dass dem öffentlichen Auftraggeber auch bei der Vergabe eines größeren Auftrages ein Vertragspartner aufgezwungen wird, zu dem ein solches Vertrauensverhältnis nicht von Anfang an vorhanden ist. Im Übrigen besteht innerhalb einer juristischen Person eine natürliche Fluktuation der handelnden Akteure, so dass persönliche Vertrauenskriterien nicht ausschlaggebend sein können[177]. Diese Sichtweise ändert jedoch nichts an der Tatsache, dass materielle Teilprivatisierungen ohne bestehende Beschaffungsverhältnisse vom Anwendungsbereich des Vergaberechts ausgenommen sind. Dennoch können sich vergaberechtsähnliche Ausschreibungspflichten aus anderen Rechtsgebieten ergeben[178].

b) Veräußerung mit eingekapselten Aufträgen

Wie bereits festgestellt, ist die Beauftragung einer 100%igen Eigengesellschaft als In-House-Geschäft vergaberechtsfrei, sofern diese Gesellschaft zugleich auch im Wesentlichen für ihren öffentlichen Anteilseigner tätig ist[179]. Fraglich ist jedoch, ob das Vergaberecht Anwendung findet, wenn der Staat anschließend seine Geschäftsanteile an einen privaten Investor verkauft und dieser über seine Stellung als Gesellschafter an dem Auftrag beteiligt wird[180]. Dieselbe Frage stellt sich, wenn zur Realisierung eines bestimmten Projektes eine Gesellschaft gegründet werden soll, der sowohl öffentliche als auch private Gesellschafter angehören (sog. institutionalisierte PPP).

Private Investoren dürften meist mehr an den bestehenden und zukünftigen Verträgen eines öffentlichen Unternehmens als an dessen Betriebs-

---

[175] FRENZ, Handbuch Europarecht, 741, Rn. 2448.
[176] FRENZ, Handbuch Europarecht, 743, Rn. 2455.
[177] KLEIN, VergabeR 2005, 22 (31); OTTING/OHLER in: Hoppe/Uechtritz, Handbuch Kommunale Unternehmen, 585, Rn. 45 f.
[178] Vgl. F.
[179] Vgl. D.II.1.b).
[180] ENDLER, NZBau 2002, 125 (132).

mittel interessiert sein, stellt doch das Auftragsbuch solcher Gesellschaften oft deren wesentlichen Wert dar. Gekauft wird also in erster Linie der Auftrag[181]. Entscheidend für die Beantwortung der Frage, ob bei der Anteilsveräußerung ein beschaffungsrechtlicher Vorgang vorliegt, ist daher eine wirtschaftliche Gesamtbetrachtung.

Eine Anteilsveräußerung mit eingekapselten Aufträgen kann unter Umständen eine indirekte Beauftragung[182] darstellen. Ein Beschaffungsvorgang liegt grundsätzlich dann vor, wenn der Verkauf von Geschäftsanteilen durch den öffentlichen Auftraggeber mit einem Neuabschluss, einer Verlängerung oder einer wesentlichen Änderung des öffentlichen Auftrags verknüpft wird[183]. Wesentlich ist eine Änderung dann, wenn Kernpunkte des bestehenden Vertrages, also z.B. der Preis, die Laufzeit oder die zu erbringende Leistung, geändert werden[184]. So entschied beispielsweise jüngst das OLG Düsseldorf[185], dass es sich bei der Veräußerung von 49% der Geschäftsanteile einer städtischen Eigengesellschaft um einen öffentlichen Auftrag i.S.d. § 99 GWB handelt. Im entschiedenen Fall wurde mit dem Anteilsverkauf zugleich ein umfangreicher entgeltlicher Vertrag über die Erbringung von Dienstleistungen abgeschlossen. Der gesamte Vertrag hätte daher nach den Vorschriften des Vergaberechts ausgeschrieben werden müssen.

Aber auch dann, wenn bestehende Aufträge unverändert weiter ausgeführt werden, kann das Vergaberecht auf die Anteilsveräußerung anzuwenden sein. Dabei ist der Übergang von Ausschreibungsfreiheit zu Ausschreibungspflicht jedoch fließend. Es stellen sich u.a. Fragen nach dem zeitlichen Zusammenhang zwischen Auftragsvergabe und Anteilsveräußerung oder ob ein auch nur untergeordnetes Beschaffungselement genügt, um den gesamten Vertrag dem Kartellvergaberecht zu unterstellen[186].

Recht eindeutig lässt sich die Frage der Ausschreibungspflicht beantworten, wenn offensichtlich versucht wurde, dem Anwendungsbereich des Vergaberechts zu entgehen und ein enger zeitlicher und sachlicher Zusammenhang besteht. Schwieriger gestaltet sich die Sachlage, wenn zwi-

---

[181] KÜHLING, ZfBR 2006, 661 (663).
[182] BRAUN, VergabeR 2006, 657 (661).
[183] STICKLER in: Reidt/Stickler/Glahs, Vergaberecht – Kommentar, § 99 GWB, Rn. 44.
[184] WILLENBRUCH in: Willenbruch/Bischoff, Kompaktkommentar Vergaberecht, § 99 GWB, Rn. 20.
[185] OLG Düsseldorf, VergabeR 2008, 252 ff.
[186] GROTELÜSCHEN/LÜBBEN, VergabeR 2008, 169 (170); SCHIMANEK, NZBau 2005, 304 (307).

schen Auftragsvergabe und Anteilsveräußerung bereits ein längerer Zeitraum vergangen ist.

aa) Umgehungssachverhalte

Nach der „Teckal"-Entscheidung des EuGH sahen viele Gemeinden in der In-House-Privilegierung eine Chance, dem lästigen Vergaberecht zu entgehen. Dazu gründeten die Kommunen eine vollständig in ihrem Besitz befindliche Eigengesellschaft, der sie sodann im Wege der In-House-Vergabe Aufträge übertrugen. Anschließend wurden alle oder Teile der Geschäftsanteile an dieser Gesellschaft freihändig an private Investoren veräußert. Dass dies nicht im Sinne eines dem Art. 3 I lit. g EGV zugrunde liegenden freien und unverfälschten Wettbewerbs in den Mitgliedstaaten sein kann und zu einer Aushöhlung des Vergaberechts führen würde[187], ist offensichtlich. Mehrere deutsche Gerichte und Vergabekammern erklärten solche Umgehungen bei der Gründung gemischtwirtschaftlicher Gesellschaften bereits für unzulässig[188]. Eine gemeinschaftliche Entscheidung des EuGH dazu gab es allerdings erst im Jahre 2005 durch das Urteil im Fall „Stadt Mödling"[189].

i. Stadt Mödling

Der Fall „Stadt Mödling" steht exemplarisch für unzulässige Umgehungen des Vergaberechts im Zusammenhang mit Privatisierungen. Ihm lag folgender Sachverhalt zugrunde:

Die österreichische Stadt Mödling beschloss am 21. Mai 1999, sich zur Erfüllung ihrer gesetzlichen Verpflichtungen im Bereich der Abfallwirtschaft einer selbstständigen Einrichtung zu bedienen. Hierzu wurde die Abfallwirtschafts-GmbH gegründet. Nach dem Protokoll der Gemeinderatssitzung sollten sämtliche Geschäftsanteile vorerst von der Stadt Mödling gehalten werden. Am 16. Juni 1999 wurde die Abfallwirtschafts-GmbH gegründet. Kurz darauf, am 25. Juni 1999, beschloss die Stadt Mödling, dieser GmbH das ausschließliche Recht zur gemeindlichen Abfallentsorgung zu übertragen. Eine entsprechende Vereinbarung mit unbefristeter Laufzeit wurde am 15. September 1999 zwischen der Stadt und der Ab-

---

[187] DIETLEIN, NZBau 2004, 472 (473).
[188] VK Düsseldorf, NZBau 2001, 46; OLG Brandenburg, VergabeR 2002, 45; VK Düsseldorf, NZBau 2005, 62; JASPER/ARNOLD, NZBau 2006, 24 (26); KRUTISCH, NZBau 2003, 650 (650); OTTING/OHLER in: Hoppe/Uechtritz, Handbuch Kommunale Unternehmen, 586, Rn. 49.
[189] EuGH, Rs. C-29/04, Slg. 2005, I-9705, Kommission / Österreich.

fallwirtschafts-GmbH geschlossen. Die Entlohnung erfolgte direkt durch die Stadt Mödling, so dass kein Fall einer vom Vergaberecht ausgenommenen Dienstleistungskonzession vorlag.

Wiederum nur kurze Zeit später, am 1. Oktober 1999, beschloss der Gemeinderat der Stadt Mödling, 49% der Geschäftsanteile an ein Privatunternehmen, die Saubermacher AG, abzutreten. Die Abtretung erfolgte dann knapp zwei Wochen später, am 13. Oktober 1999. Am 1. Dezember 1999, als die Saubermacher AG bereits Gesellschafterin der Abfallwirtschafts-GmbH war, nahm die Gesellschaft schließlich ihre operative Tätigkeit auf.

Nachdem die Europäische Kommission Österreich zu einer Stellungnahme aufforderte und die erhaltene Antwort für unzureichend hielt, erhob sie gemäß Art. 226 EGV eine Vertragsverletzungsklage vor dem EuGH. Sie sah in dieser Aufspaltung eine unzulässige Umgehung des Vergaberechts.

Österreich machte dagegen geltend, dass die Einzelschritte unabhängig voneinander zu betrachten seien[190]. Da sowohl die Beauftragung einer 100%igen Eigengesellschaft nach den Grundsätzen der In-House-Vergabe als auch die Anteilsveräußerung als gesellschaftsrechtlicher Vorgang ohne Beschaffungscharakter nicht dem Vergaberecht unterliegen, könne auch bei einer Gesamtbetrachtung nichts anderes gelten.

Dieser Ansicht folgte der EuGH nicht. Zwar gilt der Grundsatz, dass bei der Prüfung, ob ein öffentlicher Auftrag vorliegt, aus Gründen der Rechtssicherheit auf den Zeitpunkt der Vergabe des öffentlichen Auftrags vom öffentlichen Auftraggeber abzustellen ist. Allerdings hielt es der EuGH aufgrund der besonderen Umstände im Fall Mödling für gerechtfertigt, von diesem Grundsatz abzuweichen und später eingetretene Ereignisse mit zu berücksichtigen[191]. Dabei stützt er sich auf Sinn und Zweck des Vergaberechts und Umgehungsverbote[192]. Die zeitliche Abfolge von Gesellschaftsgründung, Aufgaben- und Anteilsübertragung sowie Aufnahme der Geschäftstätigkeit ist grundsätzlich irrelevant[193]. Die Ausschreibungspflicht ist danach unter Berücksichtigung der Gesamtheit aller Einzelschritte und ihrer Zielsetzung zu prüfen[194]. Das Ziel der Vergaberichtlinien, die umfassende Leistungsbeschaffung im Wettbewerb und somit

---

[190] EuGH, Rs. C-29/04, Slg. 2005, I-9705, Kommission / Österreich, Rn. 36.
[191] EuGH, Rs. C-29/04, Slg. 2005, I-9705, Kommission / Österreich, Rn. 38.
[192] *JASPER/ARNOLD*, NZBau 2006, 24 (25).
[193] *KÜHLING*, ZfBR 2006, 661 (662).
[194] EuGH, Rs. C-29/04, Slg. 2005, I-9705, Kommission / Österreich, Rn. 41.

die Dienstleistungsfreiheit und die Öffnung für einen unverfälschten Wettbewerb in allen Mitgliedstaaten wäre anderenfalls gefährdet[195].

Auch das Argument der österreichischen Regierung, wonach die Stadt Mödling trotz der Beteiligung eines Privaten an der Abfallwirtschafts-GmbH über diese eine Kontrolle wie über seine eigenen Dienststellen im Sinne der „Teckal"-Rechtsprechung ausüben könne, ließ der EuGH nicht zu. Denn in der Rechtssache „Stadt Halle" hat er entschieden, dass eine auch nur minderheitliche Beteiligung eines privaten Unternehmens am Kapital einer Gesellschaft, an der auch der betreffende öffentliche Auftraggeber beteiligt ist, es in jedem Fall ausschließe, dass dieser über die gemischtwirtschaftliche Gesellschaft eine Kontrolle im o.g. Maße ausüben könne[196]. Die Anlage von privatem Kapital beruhe auf privaten Interessen (Gewinnmaximierung) und verfolge andersartige Ziele als die öffentliche Hand (Sicherung des Gemeinwohls)[197].

Die ausschreibungsfreie Vergabe eines öffentlichen Auftrags an ein gemischtwirtschaftliches Unternehmen würde das Ziel eines freien und unverfälschten Wettbewerbs und den in den Vergaberichtlinien genannten Grundsatz der Gleichbehandlung der Interessenten beeinträchtigen, weil ein solches Verfahren einem am Kapital dieses Unternehmens beteiligten privaten Unternehmen einen Vorteil gegenüber seinen Konkurrenten verschaffen würde[198].

Auch die übrigen Voraussetzungen, die den Anwendungsbereich des Vergaberechts eröffnen, waren erfüllt: Die Gemeinde Mödling war öffentlicher Auftraggeber i.S.v. Art. 1 lit. b der Richtlinie 92/50/EWG[199], der einen entgeltlichen Vertrag mit der Abfallwirtschafts-GmbH als Dienstleistungserbringerin i.S.v. Art. 1 lit. c der Richtlinie abgeschlossen hat. Zudem waren die in Art. 7 I dieser Richtlinie festgelegten Schwellenwerte überschritten[200].

ii. Verallgemeinerung

Nach alledem bleibt festzuhalten, dass die Vergabe eines Auftrags unter Berücksichtigung der Gesamtheit aller Einzelschritte sowie ihrer Zielset-

---

[195] EuGH, Rs. C-29/04, Slg. 2005, I-9705, Kommission / Österreich, Rn. 42.
[196] EuGH, Rs. C-26/03, Slg. 2006, I-4137, Stadt Halle / TREA Leuna, Rn. 49.
[197] EuGH, Rs. C-29/04, Slg. 2005, I-9705, Kommission / Österreich, Rn. 37.
[198] EuGH, Rs. C-29/04, Slg. 2005, I-9705, Kommission / Österreich, Rn. 48.
[199] Die Richtlinie 92/50/EWG (Dienstleistungskoordinierungsrichtlinie) wurde zusammen mit der Richtlinie 93/36/EWG (Lieferkoordinierungsrichtlinie) und der Richtlinie 93/37/EWG in der Richtlinie 2004/18/EG zusammengefasst.
[200] EuGH, Rs. C-29/04, Slg. 2005, I-9705, Kommission / Österreich, Rn. 32, 48.

zung zu prüfen ist und nicht anhand ihrer rein zeitlichen Abfolge[201]. Durch die Kombination von Auftragsvergabe und anschließender Anteilsveräußerung wird einem frei ausgewählten Unternehmer ein Teil des kommunalen Auftragsvolumens zugewiesen[202]. Diese Umgehung des Vergaberechts schaltet den Wettbewerb in unzulässiger Weise aus.

Es bleibt jedoch weiter unklar, welche Umstände in ähnlich gelagerten Fällen auf eine unzulässige Verschleierung bzw. Umgehung des Vergaberechts schließen lassen. Zur Beantwortung dieser Frage können aber die wesentlichen Umstände im Fall „Stadt Mödling" Aufschluss geben[203].

Ein enger zeitlicher Zusammenhang kann ein Indiz dafür sein, dass die Verfahrensgestaltung die Vergabe öffentlicher Dienstleistungsaufträge an gemischtwirtschaftliche Unternehmen verschleiern soll[204]. Bis wann jedoch noch ein solcher enger zeitlicher Zusammenhang vorliegt, ist bisher nicht geklärt. Während der EuGH im Fall „Stadt Mödling" einen Zeitraum von vier Wochen zwischen Beauftragung einer Eigengesellschaft und Anteilsabtretung an private Investoren als zu kurz erachtete, entschied das OLG Brandenburg, dass sechs Jahre zwischen Konzessionsvergabe und Anteilsübertragung ausreichend seien[205]. Das Maß des Zulässigen liegt demnach irgendwo innerhalb dieser recht großen Zeitspanne.

In der Literatur wird als Anhaltspunkt für einen engen zeitlichen Zusammenhang ein Zeitraum von einem Jahr genannt[206]. Dabei müssen aber auch die Umstände des konkreten Einzelfalls mit Berücksichtigung finden. Grundsätzlich gilt: Je längerfristiger die vertragliche Bindung vereinbart wird, umso länger muss der Zeitraum zwischen Auftragsvergabe und Anteilsveräußerung sein[207].

---

[201] EuGH, Rs. C-29/04, Slg. 2005, I-9705, Kommission / Österreich, Rn. 41.
[202] *OTTING/OHLER* in: Hoppe/Uechtritz, Handbuch Kommunale Unternehmen, 585, Rn. 48.
[203] *JASPER/ARNOLD*, NZBau 2006, 24 (25).
[204] *BRAUN*, VergabeR 2006, 657 (661); *OTTING/OHLER* in: Hoppe/Uechtritz, Handbuch Kommunale Unternehmen, 587, Rn. 50.
[205] OLG Brandenburg, NZBau 2001, 646; das OLG Brandenburg prüft das zeitliche Kriterium jedoch nicht, sondern beurteilt die Vergabepflichtigkeit einer Anteilsveräußerung allein danach, ob unter Zugrundelegung einer wirtschaftlichen Betrachtungsweise der Eintritt neuer Gesellschafter einer Auftragsneuerteilung gleichkommt; im konkreten Fall verneinte es eine Ausschreibungspflicht jedoch, da es sich bei den bestehenden Verträgen um vergaberechtsfreie Dienstleistungskonzessionen handelte.
[206] *FRENZ*, NZBau 2008, 673 (679); *GROTELÜSCHEN/LÜBBEN*, VergabeR 2008, 169 (173).
[207] *GROTELÜSCHEN/LÜBBEN*, VergabeR 2008, 169 (173).

Ein weiteres Indiz für eine Verfahrensgestaltung, die das Vergaberecht in unzulässiger Weise umgehen soll, ist die Tatsache, dass im Fall Mödling die beauftragte Gesellschaft ihre operative Tätigkeit erst *nach* der Anteilsübertragung aufnahm[208].

Schließlich ist noch eine Gesamtbetrachtung der einzelnen Maßnahmen erforderlich, wenn eine künstliche Konstruktion vorliegt, die mehrere Schritte umfasst[209]. Der vom EuGH verwendete Ausdruck der *„mehrere gesonderte Schritte umfassende[n] künstliche[n] Konstruktion"*[210] impliziert, dass bereits im Zeitpunkt der Aufgabenübertragung die spätere Anteilsabtretung zumindest geplant war[211]. Allerdings ließ der EuGH die Frage, ob die Anteilsabtretung bereits zum Zeitpunkt der Beauftragung geplant war, offen. Diese Vorgehensweise findet auch in der Literatur breite Zustimmung, da bei der Beurteilung, ob eine absichtliche Umgehung des Vergaberechts vorliegt, zwangsläufig subjektive und damit schwer überprüfbare Aspekte zum Tragen kommen müssten[212].

Im Ergebnis wirkt also die Verknüpfung eines In-House-Geschäfts mit dem Eintritt eines neuen, privaten Gesellschafters in den Auftragnehmer wirtschaftlich wie die Vergabe des Auftrags an einen Dritten[213]. Eine Ausnahme solcher Geschäfte vom Vergaberecht wäre daher nicht zu rechtfertigen.

Zu einem anderen Ergebnis käme man jedoch, wenn die Auftragserteilung erst nach der Anteilsveräußerung erfolgen würde. Dies gilt selbst dann, wenn schon vor der Anteilsveräußerung beabsichtigt ist, der privaten bzw. gemischtwirtschaftlichen Gesellschaft öffentliche Aufträge zu erteilen. In diesem Falle wäre eine vergaberechtliche Ausschreibung der materiellen Privatisierung nicht erforderlich, da die nachfolgenden Auftragsvergaben an diese Gesellschaft ohnehin dem Vergaberecht unterliegen, sofern auch die übrigen Anwendungsvoraussetzungen erfüllt sind (öffentlicher Auftraggeber, Erreichen der Schwellenwerte, keine normierten Ausnahmen)[214].

bb) Ausschreibungspflichten ohne engen zeitlichen Zusammenhang

---

[208] *Jasper/Arnold*, NZBau 2006, 24 (25).
[209] *Braun*, VergabeR 2006, 657 (661); *Jasper/Arnold*, NZBau 2006, 24 (25).
[210] EuGH, Rs. C-29/04, Slg. 2005, I-9705, Kommission / Österreich, Rn. 40.
[211] *Jasper/Arnold*, NZBau 2006, 24 (25).
[212] *Dreher*, NZBau 2002, 245 (251); *Frenz*, NZBau 2008, 673 (675), *Jasper/Arnold*, NZBau 2006, 24 (25).
[213] *Stickler* in: Reidt/Stickler/Glahs, Vergaberecht – Kommentar, § 99 GWB, Rn. 44.
[214] *Masing*, ZfBR 2002, 450 (452); a.A. *Zeiss* in: jurisPK-VergR, § 99 GWB, Rn. 75.

Unumstritten ist die Anwendbarkeit des Vergaberechts auf Privatisierungen gleichwohl nur dann, wenn die Gründung einer Eigengesellschaft, die darauf folgende ausschreibungsfreie Beauftragung und ihre anschließende Veräußerung als einheitlicher Vorgang zu werten ist. Fraglich ist dagegen, wie der Fall „Stadt Mödling" zu beurteilen wäre, wenn erst einige Jahre später, also ohne engen zeitlichen Zusammenhang, private Investoren „mit ins Boot geholt" werden würden[215].

Da dem Kriterium des engen zeitlichen und sachlichen Zusammenhanges nur eine Indizwirkung für die Umgehung des Vergaberechts zukommt[216], sind somit auch Fälle denkbar, ja sogar wahrscheinlich, in denen es ohne einen solchen Zusammenhang zu einer vergaberechtlichen Ausschreibungspflicht kommen kann. Im Kern läuft es also auf die umstrittene Frage hinaus, ob das Vergaberecht auf alle Anteilsveräußerungen anwendbar ist, die Anteile an Gesellschaften betreffen, welche in der Vergangenheit öffentliche Aufträge erhalten haben, die noch nicht vollständig erfüllt sind[217]. Das Spektrum der Literaturmeinungen reicht von einer generellen Ausschreibungspflicht bis zur grundsätzlichen Nichtanwendbarkeit des Vergaberechts. Im Folgenden werden die Argumente der einzelnen Ansichten gegenübergestellt und bewertet.

i. Grundsätzliche Nichtanwendbarkeit des Vergaberechts

Die, vom kommunalen Standpunkt aus gesehen, vorteilhafteste Sichtweise geht davon aus, dass das Vergaberecht nur auf gesetzlich geregelte Tatbestände und offensichtliche Umgehungen Anwendung finden soll. Für alle anderen Konstellationen greife dagegen das, immer strenger angewandte[218], EG Primärrecht. Ausgangspunkt dieser Ansicht ist wiederum das Urteil „Stadt Mödling". Dort lag der Schwerpunkt der Argumentation des EuGH auf dem engen zeitlichen Zusammenhang. Im Umkehrschluss könne man darauf schließen, dass eine Anteilsveräußerung ohne einen solchen zeitlichen Kontext nicht den Vergaberegeln unterliege[219].

Sowohl *Masing*[220] als auch *Stickler*[221] empfinden eine Ausdehnung des Vergaberechts auf jede Anteilsveräußerung als zu weitgehend. Oft werde

---

[215] KÜHLING, ZfBR 2006, 661 (663).
[216] OTTING/OHLER in: Hoppe/Uechtritz, Handbuch Kommunale Unternehmen, 587, Rn. 50.
[217] STICKLER in: Reidt/Stickler/Glahs, Vergaberecht – Kommentar, § 99 GWB, Rn. 44.
[218] KÜHLING, ZfBR 2006, 661 (663).
[219] FRENZ, Handbuch Europarecht, 735, Rn. 2425; JASPER/ARNOLD, NZBau 2006, 24 (26).
[220] MASING, ZfBR 2002, 450 (450).
[221] STICKLER in: Reidt/Stickler/Glahs, Vergaberecht – Kommentar, § 99 GWB, Rn. 44.

viel zu früh die Anwendbarkeit des Vergaberechts auf Veräußerungsprozesse bejaht. Dieser „vorauseilende Gehorsam" führe dazu, dass die Stimmen, die sich für eine Anwendung des Vergaberechts aussprechen, eine Eigendynamik entwickelten[222]. Dabei werde jedoch übersehen, dass das Vergaberecht keine sachgerechten Instrumentarien für die Auswahl eines strategischen Partners bereit halte[223], denn dieses regele dem Grunde nach nur das Beschaffungsverhalten der öffentlichen Hand. Daher können, gerade bei Teilprivatisierungen in Form von Public Private Partnerships Erwägungen, die für die Vergabe eines Auftrags gelten, wesentlich von denen für die Auswahl eines langfristigen strategischen Partners abweichen[224].

Zudem seien die im Vergaberecht abschließend aufgeführten Verfahrensarten zu starr. Selbst das Verhandlungsverfahren (§ 104 IV GWB), welches für Anteilsveräußerungen trotz des Vorrangs des offenen Verfahrens (§ 101 VI GWB) grundsätzlich zulässig ist[225], sei zu unflexibel[226]. Viele Weichenstellungen und strategische Entscheidungen werden in einem ständigen Prozess unter Einbindung der verschiedenen kommunalen Entscheidungsebenen, informeller Arbeitsebenen, auch unter Beteiligung des Unternehmens, kontinuierlich überprüft, revidiert, konkretisiert und präzisiert[227].

Weiterhin verfolgt die öffentliche Hand mit der Teilprivatisierung keine Beschaf-fungs-, sondern strategische Ziele: Die Leistungserbringung für die Allgemeinheit soll durch die Hereinnahme privaten Know-Hows besser und zugleich preiswerter werden. Auf diese Zielsetzung das Kriterium des wirtschaftlichsten Angebots (§ 97 V GWB) anzuwenden wäre unpassend[228].

Letztlich wird auch argumentiert, dass bei Anteilsveräußerungen die nicht ausschreibungspflichtige Kapitalbeschaffung im Vordergrund stehe[229]. Diese unterliegt nicht dem Vergaberecht, sondern dem freien Kapi-

---

[222] MASING, ZfBR 2002, 450 (450).
[223] MASING, ZfBR 2002, 450 (454).
[224] Ebenda.
[225] DRÜGEMÖLLER/CONRAD, ZfBR 2008, 651 (655); JAEGER, NZBau 2001, 6 (11); KLEIN, VergabeR 2005, 22 (30); TUGENDREICH/MEIßNER, M&A Review 2007, 24 (25).
[226] MASING, ZfBR 2002, 450 (454).
[227] MASING, ZfBR 2002, 450 (450).
[228] MASING, ZfBR 2002, 450 (453).
[229] KÜHLING, ZfBR 2006, 661 (663).

talverkehr (Art. 56 ff EGV)[230]. Zur Begründung wird dabei auf ähnliche Konstellationen im Immobilienbereich verwiesen[231]: Veräußert eine Gemeinde ein von ihr genutztes Gebäude, welches kurzfristig erhebliche Erhaltungsinvestitionen notwendig macht, an einen privaten Investor und mietet sie dieses anschließend nach erfolgter Sanierung zurück, liegt in dem Gesamtvorgang kein ausschreibungspflichtiger Bauauftrag. In einem solchen Fall will die Kommune gerade nicht Bauherr werden, sondern ihre Kapitalsituation durch die Freisetzung von gebundenem Eigenkapital verbessern. Diese für potentielle Kaufinteressenten auf den ersten Blick unbefriedigende Situation werde durch verschärfte EG-primärrechtliche Anforderungen an die Diskriminierungsfreiheit relativiert[232].

Nach alledem wäre eine vergaberechtliche Ausschreibungspflicht höchstens dann gegeben, wenn der Wert des eingekapselten Auftrages einen wesentlichen Anteil am Wert des Unternehmens hat und ihm somit eine Schlüsselrolle am Erwerb der Unternehmensanteile zukommt[233] oder ein Umgehungsgeschäft mit engem zeitlichen und sachlichen Zusammenhang im Sinne der „Stadt Mödling" Rechtsprechung vorliegt.

ii. Generelle Ausschreibungspflicht

Für eine generelle Ausschreibungspflicht bei der Veräußerung von Geschäftsanteilen spricht die Tatsache, dass neue, private Gesellschafter mittelbar von den bereits bestehenden öffentlichen Aufträgen profitieren, unabhängig davon, wie lange diese schon bestehen[234]. Die öffentliche Hand beschafft sich also Leistungen von Privaten zu einem Prozentsatz, der der Beteiligungsquote des privaten Mitgesellschafters an der gemischtwirtschaftlichen Gesellschaft entspricht.

Auch *Endler*[235] spricht sich für eine generelle Ausschreibungspflicht bei der Veräußerung von Geschäftsanteilen aus, unabhängig davon, ob ein enger zeitlicher und/oder sachlicher Zusammenhang besteht oder nicht. Zum einen geriete man bei der Beurteilung des engen zeitlichen Zusammenhanges in Abgrenzungsschwierigkeiten, was zu erheblicher Rechtsunsi-

---

[230] Grünbuch der Kommission zu öffentlich-privaten Partnerschaften und den gemeinschaftlichen Rechtsvorschriften für Aufträge und Konzessionen, KOM(2004) 327 endg., Rn. 66.
[231] KÜHLING, ZfBR 2006, 661 (663).
[232] KÜHLING, ZfBR 2006, 661 (664).
[233] MASING, ZfBR 2002, 450 (455).
[234] JAEGER, NZBau 2001, 6 (11); OTTING, VergabeR 2002, 11 (15).
[235] ENDLER, NZBau 2002, 125 (133).

cherheit führen würde[236]. Zum anderen ist auch das Abstellen auf die subjektiven Privatisierungspläne der öffentlichen Hand kritisch zu beurteilen. Demnach könnten sich Gemeinden, die ihre Privatisierungsabsichten besonders geschickt geheim halten, dem Vergaberecht entziehen, während andere Kommunen bei gleichartigen Sachverhalten zu einer Ausschreibung gezwungen wären. Umgehungen wären Tür und Tor geöffnet, bräuchten Gemeinden mit der schon von Anfang an geplanten Anteilsveräußerung doch nur lange genug zu warten. Zutreffend weist auch *Jaeger* darauf hin, dass die Nachprüfungsinstanzen in die Not der Motivforschung beim öffentlichen Auftraggeber gerieten[237]. Eine solche auf die subjektive Motivationslage des öffentlichen Auftraggebers abstellende Sichtweise widerspräche den Zielen des Kartellvergaberechts: Wettbewerb, Gleichbehandlung und Transparenz sind objektive Rechtsgewährleistungen, die nicht von subjektiven Kriterien abhängig sein dürfen[238].

Nach alledem ist nicht nur der Auftraggeberbegriff (§ 98 GWB) funktionell zu betrachten[239], sondern auch der des Auftrags (§ 99 GWB)[240]. Auf einen engen Zusammenhang zwischen Anteilsveräußerung und Auftragsvergabe kommt es daher nicht an[241].

iii. Differenzierende Betrachtung

Insbesondere *Grotelüschen* und *Lübben* vertreten die Auffassung, dass nicht jeder Verkauf von Anteilen eines mit einem öffentlichen Auftrag versehenen Unternehmens ausschreibungspflichtig ist. Zur Begründung verweisen sie auf den erheblichen Aufwand, den der EuGH im Fall „Stadt Mödling" betreibt, um eine Verbindung zwischen Beauftragung und Veräußerung zu belegen. Dieser deute darauf hin, dass das Gericht nicht jeden Anteilsverkauf mit eingekapselten Aufträgen als ausschreibungspflichtig betrachte[242]. Da der EuGH umfangreich begründet, warum im konkreten Fall ein enger zeitlicher Zusammenhang besteht, setzte er diesen offenbar voraus[243]. Auch *Jasper* und *Arnold* meinen, dass der EuGH, hätte er dies gewollt, ohne weiteres hätte feststellen können, dass An-

---

[236] ENDLER, NZBau 2002, 125 (133); JAEGER, NZBau 2001, 6 (11); OTTING, VergabeR 2002, 11 (15).
[237] JAEGER, NZBau 2001, 6 (11).
[238] EGGERS/MALMENDIER, NJW 2003, 780 (781).
[239] Vgl. D.I.
[240] JAEGER, NZBau 2001, 6 (11).
[241] JENNERT, WRP 2004, 1011 (1016); OTTING/OHLER in: Hoppe/Uechtritz, Handbuch Kommunale Unternehmen, 588, Rn. 51.
[242] GROTELÜSCHEN/LÜBBEN, VergabeR 2008, 169 (171).
[243] GROTELÜSCHEN/LÜBBEN, VergabeR 2008, 169 (174).

teilsveräußerungen stets vergabepflichtige Vorgänge sind, wenn dadurch private Unternehmen an Gesellschaften beteiligt werden, die entgeltliche Leistungen für öffentliche Auftraggeber erbringen[244]. Zeitliche und/oder sachliche Kriterien erlauben im Einzelfall eine eindeutige Abgrenzung und vermeiden eine ausufernde Anwendung strenger Formalien und scharfer Sanktionen auf Veräußerungsgeschäfte[245]. Dem Argument, eine umfangreiche Motivforschung beim öffentlichen Veräußerer führe zu großen Schwierigkeiten, wird entgegnet, dass eine solche meist nicht notwendig sei, da sich eine einheitliche Planung der Verwaltung i.d.R. leicht nachweisen lasse. Beschlüsse kommunaler Gremien belegen häufig, dass nur ein ganz bestimmter Vertragspartner gewünscht ist[246].

Im Ergebnis sind Anteilsverkäufe dann nicht vergaberechtlich ausschreibungspflichtig, wenn sie nicht zugleich unmittelbar mit einer Auftragsvergabe zusammenhängen. Immer dann, wenn kein zeitlicher Zusammenhang besteht, der Auftrag vor Anteilsübertragung begonnen wurde und sich keine Indizien für eine künstliche Konstruktion ergeben, unterfallen Verkäufe von Unternehmensanteilen mangels Beschaffungsvorgang nicht dem Vergaberecht[247].

iv. Eigener Standpunkt

Der insbesondere von *Masing* vertretenen Auffassung, wonach das Vergaberecht nur auf Privatisierungen Anwendung finden soll, in denen ein offensichtlicher Umgehungsfall vorliegt bzw. der Unternehmenswert im Wesentlichen aus den darin enthaltenen öffentlichen Aufträgen besteht[248], kann nicht gefolgt werden. Diese Sichtweise birgt einige entscheidende Nachteile in sich:

Zum einen ist für die Beantwortung der Frage, ob der eingekapselte Auftrag einen wesentlichen Wert des Unternehmens ausmacht, eine wertende Betrachtung vorzunehmen[249]. Diese Wertung dürfte ähnliche Probleme wie die Auslegung des Wesentlichkeitskriteriums in der „Teckal"-Entscheidung hervorrufen.

---

[244] *Jasper/Arnold*, NZBau 2006, 24 (26).
[245] *Grotelüschen/Lübben*, VergabeR 2008, 169 (174).
[246] *Grotelüschen/Lübben*, VergabeR 2008, 169 (173).
[247] *Jasper/Arnold*, NZBau 2006, 24 (26); so im Ergebnis auch *Schröder*, NJW 2002, 1831 (1832).
[248] *Masing*, ZfBR 2002, 450 (455).
[249] Ebenda.

Auch der Argumentation, das Vergaberecht wäre zu unflexibel[250], kann nicht gefolgt werden. Schon das Verhandlungsverfahren (§ 101 IV GWB) bot dem öffentlichen Auftraggeber im Vergleich zu anderen Vergabearten einen großen Gestaltungsspielraum[251]. Dies gilt erst recht für den im Jahr 2005 neu ins GWB aufgenommenen wettbewerblichen Dialog (§ 101 V GWB). Dieses Verfahren, welches in keinem Rangverhältnis zum Verhandlungsverfahren steht[252], wurde ausdrücklich für besonders komplexe Aufträge, insbesondere auch Öffentlich-Private-Partnerschaften, geschaffen[253]. Bei diesem Verfahren können sich alle Interessenten um die Teilnahme bewerben. Nach einer Vorauswahl führt dann der Auftraggeber einen Dialog mit den verbleibenden Bewerbern, um Lösungen herauszuarbeiten, die seinen Bedürfnissen entsprechen. Auf dieser Grundlage werden die ausgewählten Bewerber zur Angebotsabgabe aufgefordert[254].

Der wettbewerbliche Dialog gewährt dem Bieter somit einen wesentlichen Einfluss auf die Ausgestaltung der Vertragsbedingungen[255]. Es ist also grundsätzlich möglich, mit den Instrumentarien des Vergaberechts einen Unternehmens- bzw. Anteilsverkauf in wesentlichen Punkten denen einer M&A-Auktion unter Privaten anzunähern[256].

Auch die sich auf das Urteil „Stadt Mödling" berufene Sichtweise, wonach der EuGH einen erheblichen Aufwand zum Nachweis des engen zeitlichen Zusammenhanges zwischen Auftragserteilung und Privatisierung betreibt, ist zwar nachvollziehbar, überzeugt jedoch nicht. Richtig ist, dass der EuGH den zeitlichen Zusammenhang thematisiert[257]. Allerdings führt er anschließend aus, dass die Auftragsvergabe unter Berücksichtigung der Einzelschritte sowie ihrer Zielsetzung zu prüfen ist und nicht anhand ihrer rein zeitlichen Abfolge[258]. Zur Beurteilung der Frage, ob eine absichtliche Umgehung des Vergaberechts vorliegt, richtet sich das Hauptaugenmerk somit auf eine wirtschaftliche Gesamtbetrachtung und nicht auf die bloßen zeitlichen Zusammenhänge. Unterstützt wird diese Ansicht

---

[250] *MASING*, ZfBR 2002, 450 (454).
[251] *TUGENDREICH/MEIßNER*, M&A Review 2007, 24 (25).
[252] *BURGI*, DVBl 2007, 649 (656); *MÜLLER/VEIL*, VergabeR 2007, 298 (308); a.A. *KNAUFF*, NZBau 2005, 249 (255), der in dem spezielleren wettbewerblichen Dialog ein dem Verhandlungsverfahren vorrangiges Verfahren sieht.
[253] Erwägungsgrund Nr. 31 sowie Art. 28 ff. Richtlinie 2004/18/EG; *ARLT*, VergabeR 2007, 280 (281).
[254] *KOENIG/HARATSCH*, NJW 2003, 2637 (2640).
[255] *ARLT*, VergabeR 2007, 280 (282); *KNAUFF*, NZBau 2005, 249 (254).
[256] *TUGENDREICH/MEIßNER*, M&A Review 2007, 24 (25).
[257] EuGH, Rs. C-29/04, Slg. 2005, I-9705, Kommission / Österreich, Rn. 39.
[258] EuGH, Rs. C-29/04, Slg. 2005, I-9705, Kommission / Österreich, Rn. 41.

durch die nachfolgende Entscheidung „ANAV"[259], in der es zwar nicht um einen Umgehungssachverhalt ging, eine Teilprivatisierung jedoch noch während der Laufzeit der freihändig vergebenen Konzession geplant war. Der EuGH ließ hier eine ausschreibungsfreie In-House-Vergabe nur unter der Bedingung zu, dass der öffentliche Anteilseigner nicht beabsichtigt, die Eigengesellschaft während der Vertragslaufzeit privatem Kapital zu öffnen.

Auch dem Hinweis, dass eine bei der Nachprüfung durchzuführende Motivforschung beim öffentlichen Auftraggeber auf keine größeren Schwierigkeiten stößt[260], ist nicht zu folgen. Sobald sich Kommunen darüber bewusst sind, unter welchen Umständen kein zeitlicher und sachlicher Zusammenhang mehr angenommen wird, können sie danach handeln und ihre (dokumentierten) Beschlüsse dementsprechend fassen. Ähnliches gilt für die Ansicht, dass die Veräußerung von Vermögensgegenständen der öffentlichen Hand vorrangig der Kapitalbeschaffung diene[261]. Diese Sichtweise würde zu erheblichen Abgrenzungsschwierigkeiten führen, würde man darauf abstellen, ob die Veräußerung subjektiv der Vergabe von Dienstleistungen oder bloß der Kapitalbeschaffung dient[262].

Schließlich spricht auch die Tatsache, dass der Wert eines eingekapselten Auftrages mit der Zeit abnimmt, für eine generelle Anwendbarkeit des Vergaberechts auf Anteilsveräußerungen mit eingekapselten Beschaffungsverhältnissen. Sollte nämlich der verbleibende Auftragsrestwert unter den maßgeblichen Schwellenwerten liegen, kann auf eine europaweite Ausschreibung dennoch verzichtet werden.

Im Ergebnis sprechen daher die besseren Argumente für eine generelle Anwendbarkeit des Vergaberechts auf Unternehmensanteilsveräußerungen, bei denen ein bestehender öffentlicher Auftrag mit auf den Erwerber übergeht, unabhängig davon, ob ein enger zeitlicher bzw. sachlicher Zusammenhang vorliegt. So räumen auch die Kritiker dieser Auffassung ein, dass eine generelle Ausschreibungspflicht effektiv verhindere, dass Private auch nur mittelbar ohne vorheriges Vergabeverfahren öffentliche Aufträge erlangen[263].

---

[259] EuGH, Rs. C-410/04, Slg. 2006, I-3303, ANAV / Comune di Bari; vgl. auch D.II.1.a)cc).
[260] GROTELÜSCHEN/LÜBBEN, VergabeR 2008, 169 (173).
[261] KÜHLING, ZfBR 2006, 661 (663).
[262] GROTELÜSCHEN/LÜBBEN, VergabeR 2008, 169 (174).
[263] MASING, ZfBR 2002, 450 (453).

3. Zwischenergebnis

Auch wenn das Vergaberecht eigentlich nur für Beschaffungsvorgänge der öffentlichen Hand gedacht ist, muss es unzweifelhaft dann Anwendung finden, wenn, wie im Fall „Stadt Mödling", eine gezielte Umgehung beabsichtigt ist. Auch dann, wenn der Wert des zu veräußernden Unternehmens bzw. Unternehmensanteils faktisch dem Wert der darin enthaltenen Aufträge entspricht, ist eine Ausschreibung nach den §§ 97 ff. GWB obligatorisch. Dies entspricht der einvernehmlichen Auffassung von Literatur und Rechtsprechung, wonach die §§ 97 ff. GWB weit auszulegen sind[264].

Wie sollen sich nun jedoch Kommunen verhalten, wenn kein offensichtlich enger zeitlicher und/oder sachlicher Zusammenhang besteht bzw. die eingekapselten Aufträge wertmäßig zwar oberhalb der Schwellenwerte notieren, im Verhältnis zum gesamten Transaktionsvolumen aber äußerst gering erscheinen? Die funktionale Auslegung des Auftragsbegriffs durch den EuGH dehnt den Anwendungsbereich des Vergaberechts immer weiter aus. Viel Raum für eine Ausschreibungsfreiheit besteht daher nicht mehr. Aus diesem Grunde dürften die Risiken, ein Vergabeverfahren unzulässigerweise zu unterlassen, höher sein als der Nutzen, um den Aufwand einer Ausschreibung herumzukommen. Dies gilt umso mehr als dass vergaberechtliche Anteilsveräußerungen viele Parallelen zu privaten Unternehmens- bzw. Anteilsverkäufen mit Ausschreibungswettbewerb aufweisen[265].

III. Erreichen der Schwellenwerte

Wie bereits festgestellt, unterliegt eine materielle Vermögensprivatisierung ohne eingekapseltes Beschaffungsverhältnis nicht dem Vergaberecht. Anders verhält es sich, wenn mit der Anteilsübertragung zugleich bestehende öffentliche Aufträge auf den Erwerber übergehen. Der Anwendungsbereich des Vergaberechts ist dann grundsätzlich eröffnet; hinzukommen muss jedoch das Erreichen oder Überschreiten bestimmter Schwellenwerte. Diese sind in § 2 VgV aufgeführt, auf den über die §§ 100 I, 127 S. 1 Nr. 1 GWB verwiesen wird. Allerdings ist diese Auflistung rein deklaratorischer Natur, da die in Art. 7 der Richtlinie 2004/18/EG festge-

---

[264] DREHER in: Immenga/Mestmäcker, Wettbewerbsrecht GWB, Vor §§ 97 ff., Rn. 96 m.w.N.; MASING, ZfBR 2002, 450 (450).
[265] TUGENDREICH/MEIßNER, M&A Review 2007, 24 (25).

legten Schwellenwerte Ende 2005 durch die unmittelbar geltende Verordnung 2083/2005[266] geändert wurden[267].

Hintergrund dieser Regelung, die 80%[268] aller öffentlichen Auftragsvergaben vom Vergaberecht ausnimmt, ist die Annahme des europäischen Gesetzgebers, dass Aufträge unterhalb der Schwellenwerte den grenzüberschreitenden Handel zwischen den Mitgliedstaaten nicht gefährden können. Zudem würde der Aufwand einer gemeinschaftsweiten Ausschreibung in keinem Verhältnis zu dem Wert der zu vergebenden Leistungen stehen[269].

Bezugsgröße für die Schwellenwertermittlung ist grundsätzlich der Restwert des „Auftrags" zum Zeitpunkt des Anteilsverkaufs[270].

Auch wenn bei Privatisierungsvorgängen diese Schwellenwerte meist deutlich überschritten werden[271], besteht Rechtsunsicherheit bei der Frage, ob der gesamte Restwert oder nur der sich entsprechend der Höhe des Geschäftsanteils des privaten Partners ergebende Restwert Grundlage für die Schwellenwertbeurteilung ist[272].

Folgendes Beispiel soll dieses Problem verdeutlichen: Eine Kommune möchte 50% der Geschäftsanteile einer Eigengesellschaft an ein privates Unternehmen veräußern. Zwischen der Eigengesellschaft und der Kommune besteht ein ohne Ausschreibung vergebener Dienstleistungsvertrag mit einer Laufzeit von fünf Jahren. Sofern die Grundsätze der In-House-Vergabe eingehalten wurden, ist eine solche freihändige Vergabe zulässig. Das Auftragsvolumen über die gesamte Laufzeit beträgt 1.000.000 Euro, wobei der Vertrag noch eine Restlaufzeit von zwei Jahren hat. Zum Zeitpunkt der Anteilsveräußerung beträgt der Wert der noch nicht er-

---

[266] VO (EG) Nr. 2083/2005 der Kommission v. 19.12.2005 zur Änderung der Richtlinien 2004/17/EG und 2004/18/EG des Europäischen Parlaments und des Rates im Hinblick auf die Schwellenwerte für die Anwendung auf Verfahren zur Auftragsvergabe, ABl. EU 2005, Nr. L 333, 28.
[267] *DREHER*, in: Immenga/Mestmäcker, Wettbewerbsrecht GWB, § 100, Rn. 6.
[268] *DREHER*, in: Immenga/Mestmäcker, Wettbewerbsrecht GWB, Vor § §97 ff., Rn. 64; *LUTZ*, VergabeR 2007, 372 (378).
[269] *ESCHENBRUCH/RÖWEKAMP* in: Kulartz/Kus/Portz, Kommentar zum GWB-Vergaberecht, §100, Rn. 5.
[270] *DREHER*, NZBau 2002, 245 (250); *JENNERT*, WRP 2004, 1011 (1016); *KLEIN*, VergabeR 2005, 22 (29); *SCHIMANEK*, NZBau 2005, 304 (308) mit Verweis auf den Rechtsgedanken des § 3 VgV; a.A. *OTTING/OHLER* in: Hoppe/Uechtritz, Handbuch Kommunale Unternehmen, 593, Rn. 59, die mit der Begründung, dass der Anteilspreis den tatsächlichen Wert der noch zu erbringenden Dienstleistungen widerspiegelt, einzig auf den Wert der Geschäftsanteile abstellen.
[271] *KRUTISCH*, NZBau 2003, 650 (650).
[272] *JENNERT*, WRP 2004, 1011 (1016).

brachten Leistungen somit 400.000 Euro. Ginge man davon aus, dass der gesamte Restwert ausschlaggebend für die Beurteilung der Schwellenwertrelevanz ist, läge dieser Wert deutlich über den in § 2 Nr. 3 VgV genannten 211.000 Euro. Folgt man dagegen der Ansicht, dass der Restwert nur anteilig in Höhe des Geschäftsanteils zu berechnen ist, würde er nur noch 200.000 Euro betragen. Dies läge unter dem in der Vergabeverordnung festgelegten Schwellenwert. Die Anteilsveräußerung mit eingekapseltem Auftragsverhältnis wäre somit nicht ausschreibungspflichtig.

In der Literatur[273] wird zum Teil die Ansicht vertreten, dass der Restwert nur anteilig in Höhe des Geschäftsanteils zu berechnen ist, da nur in dieser Höhe im Vergleich zur (vergaberechtsfreien) Auftragsvergabe an eine Eigengesellschaft eine Unwirtschaftlichkeit der Auftragsausführung und eine Diskriminierung sonstiger Bieter drohe[274]. Zudem würde der Private, der die Geschäftsanteile übernimmt, auch nur gemäß seiner prozentualen Beteiligungsquote von den bestehenden Aufträgen profitieren[275]. Dieser Ansicht kann jedoch nicht gefolgt werden. Sie übersieht vor allem, dass sich insbesondere bei der GmbH die Höhe der Gewinn- und Verlustbeteiligung nicht zwingend an der Beteiligungsquote der Gesellschafter orientieren muss. Zwar sieht § 29 III 1 GmbHG einen solchen Verteilungsschlüssel als Grundsatz vor; abweichende Regelungen sind jedoch gemäß § 29 III 2 GmbHG zulässig und weit verbreitet. Einzelne Gesellschafter können daher auch in einem höheren Maße von bestehenden Aufträgen profitieren.

Die Gegenmeinung vertritt dagegen die Auffassung, dass der verbleibende Auftragswert allein anhand der Restlaufzeit des Vertrags zu ermitteln sei, ohne dass er auf den Umfang der übernommenen Gesellschaftsanteile reduziert werden könne[276]. Maßgeblich sei nämlich, dass durch die Beteiligung Privater der In-House-Charakter der Beauftragung entfalle. Zudem hätte diese Sichtweise den Vorteil, dass eine spätere Aufstockung der übernommenen Geschäftsanteile durch den privaten Investor keine ausschreibungspflichtige Auftragserweiterung darstellt[277]. Dieser Ansicht ist zuzustimmen, da nur die Gesellschaft selbst, nicht aber die ein-

---

[273] *Jaeger*, NZBau 2001, 6 (11); *Jennert*, WRP 2004, 1011 (1016); *Klein*, VergabeR 2005, 22 (29).
[274] *Jennert*, WRP 2004, 1011 (1016).
[275] *Klein*, VergabeR 2005, 22 (29).
[276] *Dietlein*, NZBau 2004, 472 (479); *Dreher*, NZBau 2002, 245 (250); *Endler*, NZBau 2002, 125 (134); *Hüser*, Ausschreibungspflichten bei der Privatisierung öffentlicher Aufgaben, 263.
[277] *Endler*, NZBau 2002, 125 (134).

zelnen Gesellschafter den Auftrag erhalten278. Eine Einbeziehung des Gesellschafteranteils in die Berechnung des verbleibenden Auftragswertes kommt somit nicht in Betracht. Die Anteilsveräußerung in dem o.g. Beispiel wäre folglich europaweit auszuschreiben.

Fraglich ist schließlich noch, ob eine Ausschreibungspflicht auch dann besteht, wenn zwar unter Berücksichtigung der Restlaufzeit und gegebenenfalls der Beteiligungsquote der maßgebliche Schwellenwert überschritten ist, jedoch Umstände hinzutreten, die eine Ausschreibung unverhältnismäßig erscheinen lassen. Dies kann zum Beispiel dann der Fall sein, wenn ein sehr lange laufender Auftrag nur noch eine äußerst kurze Restlaufzeit hat. Dreher hält in solchen Konstellationen eine Ausschreibung nach dem Kartellvergaberecht für entbehrlich279. Dem ist, gerade auch im Hinblick auf die erheblichen Kosten für alle Beteiligten und der Dauer eines Vergabeverfahrens, zuzustimmen.

IV. Keine normierten Ausnahmen

§ 100 II GWB begrenzt den sachlichen Anwendungsbereich des Vergaberechts; demnach gilt der 4. Teil des GWB nicht für die darin abschließend[280] aufgeführten Verträge. Im Bereich der staatlichen Anteilsveräußerung ist lediglich Buchstabe g) von Interesse, welcher den Art. 18 der Richtlinie 2004/18/EG in deutsches Recht umsetzt.

Dieser nimmt Aufträge, die an eine Person vergeben werden, welche ihrerseits Auftraggeber nach § 98 Nr. 1, 2 oder 3 ist *und* ein auf Gesetz oder Verordnung beruhendes ausschließliches Recht zur Erbringung der Leistung hat, vom Anwendungsbereich des Vergaberechts aus.

Praktische Bedeutung hat diese Vorschrift insbesondere bei der Veräußerung von Anteilen an kommunalen Entsorgungsunternehmen. Diese besitzen meist ein ausschließliches Recht zur Erbringung ihrer Leistungen, welches ihnen i.d.R. durch kommunale Satzungen oder Verwaltungsabkommen verliehen wird[281]. Solche öffentlich-rechtlichen Verträge oder Verwaltungsakte fallen aber gerade nicht unter die Begriffe „Gesetz oder Verordnung". Als Ausnahmebestimmung ist § 100 II GWB eng auszule-

---

[278] DREHER, NZBau 2002, 245 (250).
[279] DREHER, NZBau 2002, 245 (251).
[280] DREHER in: Immenga/Mestmäcker, Wettbewerbsrecht GWB, § 100, Rn. 23.
[281] DREHER in: Immenga/Mestmäcker, Wettbewerbsrecht GWB, § 100, Rn. 47.

gen[282]. Anderenfalls läge es in der Hand der Kommunen, darüber zu entscheiden, ob das Vergaberecht Anwendung findet. Da die Erfordernisse dieser Ausnahmevorschrift regelmäßig kaum vorliegen[283], sind auch solche Verträge der Ausschreibungspflicht des Kartellvergaberechts unterworfen, sofern die übrigen Voraussetzungen für dessen Anwendbarkeit erfüllt sind.

V. Zwischenergebnis

Sowohl für den Auftraggeber- als auch für den Auftragsbegriff ist ein funktionales Verständnis maßgeblich. Es kommt also nicht auf die Rechtsform des Auftraggebers und des Geschäfts an, sondern darauf, ob bei einer wirtschaftlichen Betrachtung ein Beschaffungsvorgang der öffentlichen Hand vorliegt. Ein solcher ist bei der bloßen formellen Privatisierung nicht gegeben. Auch bei der materiellen Privatisierung liegt dann keine Ausschreibungspflicht nach dem Vergaberecht vor, wenn mit der Anteilsveräußerung nicht zugleich bestehende Aufträge auf den Erwerber übergehen. Liegt jedoch ein Fall der Anteilsveräußerung mit eingekapseltem Beschaffungsverhältnis vor, so ist der Spielraum für eine vergaberechtsfreie Veräußerung sehr klein. Im Zweifel dürften die Risiken einer unterlassenen Ausschreibung den Nutzen deutlich überwiegen, zumal auch die freiwillige oder irrtümliche Anwendung des Vergaberechts nicht dazu führt, dass unterlegenen Interessenten der Primärrechtsschutz des GWB-Vergaberechts eröffnet ist[284].

---

[282] *DREHER* in: Immenga/Mestmäcker, Wettbewerbsrecht GWB, § 100, Rn. 23; *JAEGER*, NZBau 2001, 6 (9).
[283] *OTTING/OHLER* in: Hoppe/Uechtritz, Handbuch Kommunale Unternehmen, 572, Rn. 26.
[284] *KÜHLING*, ZfBR 2006, 661 (664); *NOCH*, Vergaberecht kompakt, 90; *WILLENBRUCH* in: Willenbruch/Bischoff, Kompaktkommentar Vergaberecht, § 99 GWB, Rn. 84, 88.

E. Rechtsfolgen unterlassener Ausschreibungen nach dem Vergaberecht

Der das Kartellvergaberecht regelnde vierte Teil des GWB ist wiederum in drei Abschnitte untergliedert. Während die §§ 97 – 101 GWB Grundsätze des Vergabeverfahrens regeln, widmen sich die §§ 102 – 124 dem Nachprüfungsverfahren. Schon an diesem Verhältnis wird deutlich, dass dem Rechtsschutz unterlegener Bieter im Vergaberecht eine besondere Bedeutung zukommt. Für deren Anwendbarkeit ist auch hier wieder das Erreichen bestimmter Schwellenwerte obligatorisch (§ 100 I GWB).

§ 97 VII GWB gewährt Unternehmen einen Anspruch darauf, dass der Auftraggeber die Bestimmungen über das Vergabeverfahren einhält. Erfolglose Interessenten können sich zur Durchsetzung ihrer Ansprüche an die Vergabekammern (1. Instanz) bzw. an den zuständigen Vergabesenat beim Oberlandesgericht (2. Instanz) wenden. Daneben besteht die Möglichkeit, fakultativ eine Beschwerde an die zuständige Vergabeprüfstelle als Vorprüfungsinstanz zu richten (§ 103 GWB).

Besondere Relevanz besitzt der Rechtsschutz in den nicht seltenen Fällen, in denen die öffentliche Hand gänzlich auf eine Ausschreibung des Privatisierungsvorhabens verzichtet. Zwar findet das Vergaberecht bei der reinen Vermögensprivatisierung mangels Beschaffungsvorgang keine Anwendung[285]. In allen anderen Fällen, also insbesondere bei Umgehungssachverhalten, muss der subjektive Bieterrechtsschutz jedoch erhalten bleiben. Dies hat der EuGH in seiner „Stadt Halle" Entscheidung ausdrücklich klar gestellt. Danach kommen die in den Rechtsmittelrichtlinien geregelten Nachprüfungsmöglichkeiten auch dann zur Anwendung, wenn überhaupt kein förmliches Vergabeverfahren statt fand (sog. de-facto-Vergabe)[286]. Dies ist folgerichtig, denn anderenfalls läge es in der Hand der Mitgliedstaaten, das Vergaberecht anzuwenden oder nicht.

Welche Folgen diese Entscheidung im nationalen Recht der Mitgliedstaaten hat, ist umstritten. Im deutschen Recht verbietet § 114 II 1 GWB die Rückgängigmachung einmal erteilter Zuschläge. Da die Erteilung eines Zuschlages gleichbedeutend mit der Annahme eines Vertragsangebotes ist[287], gewährleistet diese Vorschrift den Grundsatz „pacta sunt servanda". Allerdings würde diese Folge übergangenen Interessenten entgegen den

---

[285] Vgl. D.II.2.a).
[286] EuGH, Rs. C-26/03, Slg. 2006, I-4137, Stadt Halle / TREA Leuna, Rn. 41; NOCH, Vergaberecht kompakt, 90; OTTING/OHLER in: Hoppe/Uechtritz, Handbuch Kommunale Unternehmen, 594, Rn. 61.
[287] DREHER in: Immenga/Mestmäcker, Wettbewerbsrecht GWB, § 114, Rn. 26.

Vorgaben des Europäischen Gerichtshofs jeglichen Primärrechtsschutz verwehren. Daher wird zum Teil eine auf § 134 BGB i.V.m. den §§ 97 I, 101 I GWB gestützte Nichtigkeit des bereits geschlossenen Vertrages diskutiert[288]. Andere Autoren[289] befürworten eine analoge Anwendung des § 13 S. 6 VgV, wonach ein Vertrag, der ohne Vorabinformation übergangener Interessenten abgeschlossen würde, nichtig sei. Dieser Meinungsstreit kann hier jedoch dahingestellt bleiben, da beide Wege zu dem für den öffentlichen Veräußerer gleich ungünstigen Ergebnis führen: Der Nichtigkeit des bereits geschlossenen Vertrages. Aus diesem Grunde sollten veräußerungswillige Kommunen ein großes Interesse daran haben, etwaige Ausschreibungspflichten nach dem Kartellvergaberecht zu befolgen.

Aber auch schon die nicht ordnungsgemäße Einhaltung des komplexen Vergaberechts kann zu erheblichen zeitlichen Verzögerungen führen. Sollten erfolglose Bieter gemäß § 107 I GWB das Nachprüfungsverfahren beantragen, so verbietet § 115 I GWB dem öffentlichen Auftraggeber die Erteilung des Zuschlages während der Nachprüfungsphase. Gemäß § 114 I GWB kann die Vergabekammer jede geeignete Maßnahme zur Beseitigung einer etwaigen Rechtsverletzung treffen. So kann sie z.B. dem öffentlichen Auftraggeber untersagen, den Zuschlag einem bestimmten Bieter zu erteilen oder ihn verpflichten, die Angebotsfrist zu verlängern[290]. Allerdings reichen diese Befugnisse der Vergabekammer nicht bis zu einer Verpflichtung zur Neuausschreibung, da sich der Beschaffungsbedarf der öffentlichen Hand zwischenzeitlich geändert haben kann und die Entscheidung über die Beschaffung letztlich bei ihr liegt[291].

---

[288] MÜLLER-WREDE/KAELBLE, VergabeR 2002, 1 (7); HEUVELS/KAISER, NZBau 2001, 479 (480).
[289] BYOK, NJW 2001, 2295 (2301); HERTWIG, NZBau 2001, 241 (242); OTTING, VergabeR 2002, 11 (18); PRIEß, EuZW 2001, 365 (367); DREHER, NZBau 2001, 244 (245), der zum Schutz des redlichen Vertragspartners allerdings eine Ex-nunc-Nichtigkeit annehmen will.
[290] DREHER in: Immenga/Mestmäcker, Wettbewerbsrecht GWB, § 114, Rn. 17.
[291] Ebenda.

F. Ausschreibungspflichten nach dem EG-Beihilfenrecht

Der Rechtsschutz unterlegener Interessenten bei Privatisierungsvorgängen ist, im Gegensatz zum vergaberechtlichen Rechtsschutz, nur sehr schwach ausgeprägt. Ansprüche unfair behandelter Bieter lassen sich am ehesten noch auf das Beihilfenrecht stützen[292]. Da von dieser Möglichkeit nicht selten Gebrauch gemacht wird[293], sollten privatisierungswillige Verwaltungsträger den Veräußerungsprozess so ausgestalten, dass er beihilfenrechtlich nicht angreifbar ist.

Eine Beihilfe liegt vor, wenn das begünstigte Unternehmen eine wirtschaftliche Vergünstigung erhält, die es unter normalen Marktbedingungen nicht erhalten hätte[294]. Im Sinne der Verwirklichung eines unverfälschten Wettbewerbes innerhalb des europäischen Binnenmarktes (Art. 3 I lit. g EGV) wird dieser Begriff weit ausgelegt[295]. Art. 87 EGV bezieht daher Beihilfen *„gleich welcher Art"* mit in seinen Anwendungsbereich ein. Begünstigt ist das Unternehmen dann, wenn ihm der Staat einen finanziellen Vorteil entweder unentgeltlich oder ohne angemessene Gegenleistung gewährt. Steht demnach der bei der Veräußerung erzielte Preis in einem angemessenen Verhältnis zum Wert des Unternehmens, so liegt mangels Begünstigung des Käufers keine Beihilfe vor[296]. Umgekehrt dürfte insbesondere ein Verkauf zu einem unter dem Marktwert liegenden Preis zu einer Verletzung des EG-Beihilfenrechts führen[297]. Der Veräußerung zum Marktwert kommt somit eine entscheidende Bedeutung zu.

Fraglich ist jedoch, wie dieser Marktpreis zu ermitteln ist. Dazu greift sowohl der EuGH[298] als auch die Kommission[299] regelmäßig auf die hypothetische Vergleichsfigur des umsichtigen, marktwirtschaftlich handelnden

---

[292] KRISTOFERITSCH, EuZW 2006, 428 (428); vgl. auch C.II.
[293] LÜBBIG/MARTÍN-EHLERS, Beihilfenrecht der EU, 5, Rn. 10.
[294] EuGH, Rs. C-280/00, Slg. 2003, I-7747, Altmark Trans GmbH und Regierungspräsidium Magdeburg / Nahverkehrsgesellschaft Altmark GmbH, Rn. 84; SOLTÉSZ/BIELESZ, EuZW 2004, 391 (392).
[295] BRAUN, VergabeR 2006, 657 (664); LÜBBIG/MARTÍN-EHLERS, Beihilfenrecht der EU, 5, Rn. 12; SCHIMANEK, NZBau 2005, 304 (308); ZENTNER, Die Bedeutung der Beihilfevorschriften für die Vermögensprivatisierung, 44.
[296] FISCHER, VergabeR 2004, 1 (2).
[297] EGGERS/MALMENDIER, NJW 2003, 780 (781); FISCHER, VergabeR 2004, 1 (2); SCHIMANEK, NZBau 2005, 304 (308); vgl. auch C.II.
[298] EuGH, Rs. C-482/99, Slg. 2002, I-4397, Frankreich / Kommission, Rn. 72; EuGH, Rs. C-482/99, Slg. 2002, I-4397, Frankreich / Kommission, Rn. 71.
[299] Entscheidung 1999/508/EG der Kommission, ABl. EG 1999, Nr. L 198, 1 (6) (Société Marseillaise de Crédit); Entscheidung 2000/513/EG der Kommission, ABl. EG 2000, Nr. L 206, 6, Rn. 27 (Stardust Marine); Entscheidung 2000/628/EG der Kommission, ABl. EG 2000, Nr. L 265, 15, Rn. 44 (Centrale del Latte di Roma).

Kapitalgebers zurück (sog. „Private Vendor Test"). Wenn dieser in einer vergleichbaren Lage unter Zugrundelegung der Rentabilitätsaussichten und unabhängig von allen sozialen oder regionalpolitischen Überlegungen eine solche Kapitalhilfe ebenfalls gewährt hätte, liegt keine Begünstigung im Sinne von Art. 87 I EGV vor[300]. In Bezug auf die Ausgestaltung einer staatlichen Anteilsveräußerung wird dieser Grundsatz im XXIII. Bericht über die Wettbewerbspolitik 1993 sowie in der Grundstücksmitteilung präzisiert.

Die Reihenfolge der nachfolgenden Wertermittlungs- und Veräußerungsmethoden spiegelt die Präferenzen der Kommission und somit das potentielle Maß an Rechtssicherheit wider: Verkäufe von Unternehmensanteilen über die Börse oder im Wege ordnungsgemäß durchgeführter strukturierter Bieterverfahren stoßen bei der Kommission grundsätzlich auf keine Bedenken. Dagegen rufen der Verkauf nach Wertermittlung durch einen unabhängigen Sachverständigen oder gar der freihändige Verkauf ohne unabhängige Wertermittlung regelmäßig den starken, aber widerlegbaren Verdacht einer unzulässigen Beihilfe hervor.

I. Anteilsveräußerung über die Börse

Erfolgt eine Privatisierung durch den Verkauf von Aktien über die Börse, geht die Kommission generell davon aus, dass die Veräußerung zu Marktbedingungen erfolgt und kein Beihilfenelement enthalten ist[301]. Dies ist folgerichtig, findet doch an der Börse als neutralem Marktplatz regelmäßig ein transparenter und diskriminierungsfreier Handel statt, der zudem durch umfangreiche gesetzliche Vorschriften reguliert ist. Die Börse ist somit das klassische Ideal eines vollkommenen Marktes für homogene Güter[302].

Weiterhin bestehen bei einer Kapitalmarktplatzierung Parallelen zum Vergaberecht: Die Vergaberichtlinien[303] gestatten die freihändige Beschaffung von auf Börsen notierten Waren[304]. Grund für diese Ausnahme von der Pflicht zur Durchführung eines förmlichen Vergabeverfahrens ist die Tatsache, dass die tragenden Grundsätze des Vergaberechts (Wett-

---

[300] EuGH, Rs. 234/84, Slg. 1986, 2263, Rn. 14 (Belgien / Kommission); EuGH, Rs. 40/85, Slg. 1986, 2321, Rn. 13 (Belgien / Kommission).
[301] XXIII. Bericht über die Wettbewerbspolitik 1993, Rn. 403.
[302] ZENTNER, Die Bedeutung der Beihilfevorschriften für die Vermögensprivatisierung, 120.
[303] Art. 31 Nr. 2 lit. c Richtlinie 2004/18/EG; Art. 40 III lit. h Richtlinie 2004/17/EG sowie im deutschen Recht VOL/A Abschnitt 2 § 3a Nr. 2 lit. i.
[304] GABRIEL/PRIEß, NZBau 2007, 617 (619).

bewerb, Gleichbehandlung, Nichtdiskriminierung, Transparenz) beim geregelten Börsenhandel von vornherein strukturell gewährleistet sind. Zusätzliche verfahrensrechtliche Regulierungen sind daher nicht erforderlich[305]. Im Übrigen geht auch die Kommission davon aus, dass die in den Vergaberichtlinien geregelten Ausnahmen auf andere, nicht in diesen Richtlinien geregelte Sachverhalte übertragen werden können[306].

Schließlich ist der Tatbestand einer rechtswidrigen Beihilfe i.S.d. Art. 87 EGV schon dann nicht erfüllt, wenn es sich bei den Erwerbern der Aktien um Privatpersonen handelt. Art. 87 I EGV spricht ausdrücklich nur von der Begünstigung bestimmter Unternehmen oder Produktionszweige. In solchen Fällen spielt der erzielte Preis keine Rolle[307].

Etwas problematischer stellt sich die Sachlage dar, wenn die öffentliche Hand das Unternehmen vor dem Börsengang von Verbindlichkeiten befreit bzw. diese vermindert, um es für den Kapitalmarkt attraktiver zu machen. In einem solchen Fall besteht dann keine Beihilfenvermutung, wenn der Erlös der Veräußerung die Schuldenreduzierung übersteigt[308].

Werden bei einer Zweitplatzierung (SPO) größere Aktienpakete veräußert, kann es vorkommen, dass diese zu einem Pauschalpreis abgegeben werden, der unter dem aktuellen Börsenkurs liegt. Da in einem solchen Fall ein öffentliches, transparentes Verfahren nicht mehr gewährleistet ist, muss geprüft werden, ob ein solcher Preisnachlass auch von einem verkaufenden Privatinvestor gewährt worden wäre[309].

Trotz dieser Einschränkungen haben Privatisierungen über die Börse in der Kommissions- und Rechtsprechungspraxis bisher kaum zu Nachprüfungsverfahren geführt[310]. Ein Börsengang kommt aufgrund der enormen Kosten allerdings nur für die wenigsten Staatsunternehmen in Betracht[311].

---

[305] Ebenda.
[306] Mitteilung der Kommission zu Auslegungsfragen in Bezug auf das Gemeinschaftsrecht, das für die Vergabe öffentlicher Aufträge gilt, die nicht oder nur teilweise unter die Vergaberichtlinien fallen, ABl. EU 2006, Nr. C 179, 2 (5).
[307] ZENTNER, Die Bedeutung der Beihilfevorschriften für die Vermögensprivatisierung, 119.
[308] XXIII. Bericht über die Wettbewerbspolitik 1993, Rn. 403.
[309] FRENZ, Handbuch Europarecht, 99, Rn. 290.
[310] ZENTNER, Die Bedeutung der Beihilfevorschriften für die Vermögensprivatisierung, 120.
[311] So z.B. Deutsche Telekom AG (IPO 1996, SPO 1999 und 2000), Deutsche Post AG (2004) und zur Zeit in Vorbereitung 24,9% der Deutschen Bahn AG.

II. Strukturierte Bieterverfahren

Strukturierte Bieterverfahren sind nach Meinung der Kommission am besten geeignet, den Marktpreis für das zu veräußernde Unternehmen zu ermitteln[312] und somit den Beihilfenverdacht bei staatlichen Vermögensveräußerungen zu beseitigen. Auch das Gericht erster Instanz geht bei der Durchführung eines solchen Verfahrens nicht von der Gewährung einer unzulässigen staatlichen Beihilfe aus[313]. Ein solches Verfahren ist grundsätzlich dazu geeignet, ein angemessenes Verhältnis von Leistung und Gegenleistung herzustellen[314], so dass es zu keiner beihilferechtsrelevanten Begünstigung kommen kann. Allerdings wirft dieses Verfahren auch zahlreiche, bisher ungelöste Rechtsfragen an seine Ausgestaltung auf. Im Folgenden wird zunächst ein misslungenes Beispiel eines strukturierten Bieterverfahrens aus der jüngeren Vergangenheit aufgezeigt. Anschließend werden daraus und aus den bereits genannten Kommissionsmitteilungen konkrete Anforderungen an die Ausgestaltung eines solchen Verfahrens gestellt.

1. Bank Burgenland

Im Jahr 2006 war das österreichische Bundesland Burgenland aufgrund einer im Jahre 2004 von der Kommission genehmigten Umstrukturierungsbeihilfe faktisch dazu gezwungen[315], die bis dahin vollständig in ihrem Besitz befindliche Hypo Bank Burgenland zu privatisieren. Zuvor waren bereits zwei Verkaufsversuche gescheitert[316]. Dem Verkauf war ein Ausschreibungsverfahren vorangegangen, bei dem vor Erteilung des Zuschlages nur noch zwei potentielle Käufer übrig blieben: Zum einen die österreichische Versicherungsgesellschaft Grazer Wechselseitige Versicherung AG („GRAWE") und zum anderen ein ukrainisch-österreichisches Investorenkonsortium („Konsortium").

Nachdem bis zum 4.3.2006 mit beiden Bietern Verhandlungen geführt wurden und dem Konsortium mitgeteilt wurde, dass in etwa zwei Wochen

---

[312] Entscheidung 2000/513/EG der Kommission, ABl. EG 2000, Nr. L 206, 6, Rn. 63 (Stardust Marine); Entscheidung 2001/120/EG der Kommission, ABl. EG 2001, Nr. L 44, 39, Rn. 19 (Kali und Salz).
[313] EuG, Rs. T-152/99, Slg. II-3049, HAMSA / Kommission, Rn. 97; *Zentner*, Die Bedeutung der Beihilfevorschriften für die Vermögensprivatisierung, 120.
[314] *Braun*, VergabeR 2006, 657 (664).
[315] Entscheidung 2005/691/EG der Kommission, ABl. EU 2005, Nr. L 263, 8; *Jaeger*, EuZW 2007, 499 (499).
[316] Entscheidung 2008/719/EG der Kommission, ABl. EU 2008, Nr. L 239, 32, Rn. 27 (Bank Burgenland).

mit einer Entscheidung zu rechnen sei, erfuhr das Konsortium schon am nächsten Tag aus der Presse, dass die GRAWE den Zuschlag erhielt. In einer Pressekonferenz erklärte der Landeshauptmann des Landes Burgenland, „[...] *dass dies ein ausgezeichnetes Geschäft ist, weil die GRAWE ein verlässlicher Partner ist und weil dies auch eine österreichische Lösung darstellt*"[317].

Gegen diesen Zuschlag richtete sich das Konsortium mit einer Beschwerde bei der Europäischen Kommission. Es machte geltend, dass das Ausschreibungsverfahren unfair und intransparent war und es dadurch benachteiligt wurde. Zudem ging der Zuschlag nicht, wie in den Privatisierungskriterien gefordert[318], an den Meistbietenden.

Gemäß Art. 10 I EG VO Nr. 659/1999[319] prüft die Kommission unverzüglich Informationen, gleich welcher Herkunft, über angebliche rechtswidrige Beihilfen. Da das Gebot des Zweitbieters über 50% höher lag als das des erfolgreichen Bieters, vermutete die Kommission darin eine unzulässige Beihilfe und leitete gegen Österreich ein Verfahren gemäß Art. 88 II EGV ein.

Während die europaweite Bekanntmachung des geplanten Unternehmensverkaufs im Amtsblatt zur Wiener Zeitung und der englischsprachigen Ausgabe der Financial Times Europe noch den primärrechtlichen Transparenzerfordernissen genügte, stellte die Kommission im weiteren Verlauf des Veräußerungsprozesses verschiedene Ungleichbehandlungen zwischen den beiden verbliebenen Bietern fest.

So wurde zur Durchführung der Due Dilligence zwar ein virtueller Datenraum eingerichtet, in dem sich das Konsortium über das potentielle Kaufobjekt informieren konnte. Zugleich gestattete man Vertretern der GRAWE jedoch eine „physische" Due Dilligence im Unternehmen selbst durchzuführen. Dies gewährte ihr gegenüber dem Konsortium den Vorteil, dass auch leitende Angestellte der Bank Burgenland befragt werden konnten[320].

Viel gravierender war allerdings, dass in den Ausschreibungsunterlagen zwar die Auswahlkriterien genannt waren, hingegen keine Angaben zu deren Gewichtung gemacht wurden. Die folgenden Kriterien für die Be-

---

[317] Kommission, Aufforderung zur Stellungnahme gem. Art. 88 II EGV, ABl. EU 2007, Nr. C 28, 8, Rn. 42.
[318] XXIII. Bericht über die Wettbewerbspolitik 1993, Rn. 403.
[319] Verordnung (EG) Nr. 659/1999 des Rates vom 22.3.1999 über besondere Vorschriften für die Anwendung von Artikel 93 des EG-Vertrags, ABl. EG 1999, Nr. L 83, 1.
[320] Kommission, Aufforderung zur Stellungnahme gem. Art. 88 II EGV, ABl. EU 2007, Nr. C 28, 8, Rn. 33.

wertung der Angebote wurden von der Burgenländischen Landesregierung festgelegt[321]:

- Höhe des Kaufpreises
- Sicherheit der Kaufpreiszahlung
- Transaktionssicherheit
- Erhalt der Selbstständigkeit der Bank Burgenland
- Vermeidung der Inanspruchnahme von Ausfallbürgschaften
- zeitliche Erfordernisse bei der Durchführung der Transaktion
- Vornahme gegebenenfalls notwendiger Kapitalerhöhungen

Während die drei erstgenannten Punkte von der Kommission nicht beanstandet wurden, da sie auch für einen privaten Verkäufer unzweifelhaft von wesentlichem Interesse gewesen wären, bezweifelte sie die Relevanz der übrigen Kriterien[322].

So hätte das Kriterium „Erhalt der Selbstständigkeit der Bank Burgenland" für einen privaten Verkäufer keine Bedeutung gehabt, da solche strategischen Entscheidungen Sache des neuen Eigentümers sind. Gleiches gilt für die Bereitschaft zur Vornahme gegebenenfalls notwendiger Kapitalerhöhungen[323].

Insbesondere das zeitliche Kriterium, d.h. eine schnelle Abwicklung der Transaktion, war für das Land Burgenland von essentieller Bedeutung. Es wurde befürchtet, dass die obligatorische Genehmigung des Verkaufs durch die österreichische Finanzmarktaufsicht bei einem Verkauf an das Konsortium deutlich mehr Zeit in Anspruch genommen hätte als bei einem Verkauf an die österreichische GRAWE. Dass diesem Erfordernis jedoch eine solch hohe Bedeutung beigemessen wurde, war der Ausschreibung nicht zu entnehmen. Zudem sei diese zeitliche Not objektiv nicht nachzuvollziehen, da seit dem ersten Privatisierungsversuch im Jahre 2004 bereits ein geraumer Zeitraum verstrichen ist[324].

---

[321] Entscheidung 2008/719/EG der Kommission, ABl. EU 2008, Nr. L 239, 32, Rn. 36 (Bank Burgenland).
[322] Kommission, Aufforderung zur Stellungnahme gem. Art. 88 II EGV, ABl. EU 2007, Nr. C 28, 8, Rn. 67.
[323] Ebenda.
[324] Ebenda.

Auch das Kriterium der „Vermeidung der Inanspruchnahme von Ausfallbürgschaften" hielt die Kommission für unzulässig. Dies würde die Rolle des Staates als Geber staatlicher Beihilfen (d.h. in Form einer Haftung) einerseits und als Verkäufer der Bank andererseits miteinander vermischen[325].

Letztlich bemängelte die Kommission, dass bei der Bewertung der Gebote noch weitere Auswahlkriterien hinzugezogen wurden, von denen die Bieter keine Kenntnis hatten. Dies betrifft vor allem die Höhe der Refinanzierungskosten, die aufgrund eines schlechteren Ratings des Konsortiums wahrscheinlich höher ausgefallen wären[326].

Im Ergebnis sah die Kommission in der Differenz zwischen dem von der GRAWE gezahlten Kaufpreis von 100,3 Mio. Euro und den vom Konsortium gebotenen 155 Mio. Euro eine unzulässige Beihilfe, die auch nicht gemäß Art. 88 III EGV bei der Kommission angemeldet und genehmigt wurde[327]. Gegen diese Entscheidung hat mittlerweile sowohl das Land Burgenland als auch die GRAWE Nichtigkeitsklage gemäß Art. 231 I EGV vor dem EuG erhoben[328].

2. Ausgestaltung strukturierter Bieterverfahren

Wie bereits dargestellt wurde, genügte das vom Land Burgenland durchgeführte Bieterverfahren nicht den Anforderungen der Europäischen Kommission. Es fragt sich daher, wie ein solches Verfahren im Idealfall zu gestalten ist.

Der XXIII. Wettbewerbsbericht der Kommission von 1993 enthält eine Reihe von Grundsätzen für die Privatisierung staatlicher Unternehmen. Nach Ansicht der Kommission müssen diese eingehalten werden, um die Gewährung unzulässiger Beihilfen bei Privatisierungen auszuschließen. In dem Bericht heißt es:

> *„Wird das Unternehmen nicht über die Börse privatisiert, sondern als Ganzes oder in Teilen an andere Unternehmen verkauft, sind folgende*

---

[325] Entscheidung 2008/719/EG der Kommission, ABl. EU 2008, Nr. L 239, 32, Rn. 137 (Bank Burgenland).
[326] Entscheidung 2008/719/EG der Kommission, ABl. EU 2008, Nr. L 239, 32, Rn. 43 (Bank Burgenland).
[327] Entscheidung 2008/719/EG der Kommission, ABl. EU 2008, Nr. L 239, 32, Art. 1 (Bank Burgenland).
[328] Rs. T-281/08, Land Burgenland / Kommission, Rs. T-282/08, GRAWE / Kommission, ABl. EU 2008, Nr. C 247, 16.

Bedingungen einzuhalten, damit ohne weitere Prüfung davon ausgegangen werden kann, dass kein Beihilfeelement enthalten ist:

- *Es muss ein Ausschreibungswettbewerb stattfinden, der allen offen steht, transparent ist und an keine weiteren Bedingungen geknüpft ist wie den Erwerb anderer Vermögenswerte, für die nicht geboten wird, oder der Weiterführung bestimmter Geschäftstätigkeiten;*
- *das Unternehmen muss an den Meistbietenden veräußert werden und*
- *die Bieter müssen über genügend Zeit und Informationen verfügen, um eine angemessene Bewertung der Vermögenswerte vornehmen zu können, auf die sich das Angebot stützt."*[329]

Auch wenn die Mitgliedstaaten zur Einhaltung dieser Grundsätze nicht verpflichtet sind[330], so gewährt deren Einhaltung doch die Gewissheit, dass die Kommission nicht dem Verdacht der Gewährung einer notifizierungspflichtigen Beihilfe nachgeht. Andererseits liegt in der Missachtung dieser Leitlinien nicht per se die Gewährung einer solchen Beihilfe. Insbesondere in folgenden Fällen ist jedoch eine Notifizierung gemäß Art. 88 III EGV zwingend erforderlich:

- *Verkäufe nach Verhandlungen mit einem einzigen potentiellen Käufer oder einigen ausgewählten Bietern;*
- *Verkäufe, denen eine Schuldentilgung durch den Staat, sonstige öffentliche Unternehmen oder eine öffentliche Körperschaft vorausging;*
- *Verkäufe, denen eine Umwandlung der Schulden in Aktienkapital oder Kapitalaufstockungen vorausgingen und*
- *Verkäufe zu Bedingungen, die bei vergleichbaren Transaktionen zwischen Privatparteien nicht üblich sind*[331].

Mit einer Notifizierung ist indessen noch nicht die materielle Beurteilung einer Beihilfengewährung vorweggenommen[332].

---

[329] XXIII. Bericht über die Wettbewerbspolitik 1993, Rn. 403.
[330] Vgl. C.IV.
[331] XXIII. Bericht über die Wettbewerbspolitik 1993, Rn. 403.

a) Offener, transparenter und bedingungsfreier Ausschreibungswettbewerb

Die Ähnlichkeit der in den Leitlinien genannten Kriterien – Offenheit, Transparenz, Bedingungsfreiheit – mit den Grundsätzen des Vergaberechts – Wettbewerb, Transparenz, Gleichbehandlung (§ 97 I, II GWB) – ist offensichtlich. Auch wenn das Vergaberecht nicht direkt anwendbar ist[333], so wird doch in der Literatur vielfach eine vergaberechtliche Auslegung dieser Kriterien diskutiert[334]. Unterstützt wird diese Sichtweise durch die „Altmark Trans" Entscheidung des EuGH[335]. Danach schließt es der EuGH aus, dass bei der Durchführung eines vergaberechtlichen Bietverfahrens eine Beauftragung mit öffentlichen Aufgaben Beihilfenelemente enthält[336].

Auch wenn sich die Kommission und der EuGH im Zweifel an den (sachverwandten) Vorschriften des Vergaberechts orientieren[337], wird eine solche vergaberechtliche Interpretation zum Teil abgelehnt[338]. Zwar solle sowohl das Vergabe- als auch das Beihilfenrecht Wettbewerbsverzerrungen verhindern[339], allerdings knüpfe das Beihilfenrecht im Gegensatz zum Vergaberecht gerade nicht an die Durchführung eines formalen Verfahrens an, sondern einzig und allein an die Erzielung eines marktkonformen Preises. Wird ein solcher Preis erzielt, liegt keine Beihilfe vor, unabhängig davon, ob die in den Leitlinien vorgeschlagenen Verfahren eingehalten wurden. Es komme somit weniger auf die vergaberechtsähnliche Ausgestaltung des Verfahrens an als auf die Verwirklichung der zentralen Elemente der Offenheit, Transparenz und der Bedingungsfreiheit[340].

Dem ist entgegenzuhalten, dass eine bloße Anlehnung an das Vergaberecht noch nicht gleichbedeutend mit dessen direkter Anwendung ist.

---

[332] Vgl. bspw. Entscheidung 1999/508/EG der Kommission, ABl. EG 1999, Nr. L 198, 1 (Société Marseillaise de Crédit), in der die Kommission nach Notifizierung das Vorliegen einer Beihilfe trotz mehrerer Kapitalerhöhungen an eine defizitäre staatseigene Bank verneinte.
[333] Vgl. D.
[334] GABRIEL/PRIEß, NZBau 2007, 617 (618); KRISTOFERITSCH, EuZW 2006, 428 (430); ZENTNER, Die Bedeutung der Beihilfevorschriften für die Vermögensprivatisierung, 163.
[335] EuGH, Rs. C-280/00, Slg. 2003, I-7747, Altmark Trans GmbH und Regierungspräsidium Magdeburg / Nahverkehrsgesellschaft Altmark GmbH, Rn. 93.
[336] BRAUN, VergabeR 2006, 657 (664); FISCHER, VergabeR 2004, 1 (15); KRISTOFERITSCH, EuZW 2006, 428 (430).
[337] GABRIEL/PRIEß, NZBau 2007, 617 (618).
[338] KRISTOFERITSCH, EuZW 2006, 428 (428).
[339] KRISTOFERITSCH, EuZW 2006, 428 (431).
[340] FRENZ, Handbuch Europarecht, 101, Rn. 293.

Viele vergaberechtliche Vorschriften können beispielgebend für einen beihilferechtskonformen Veräußerungsprozess sein. So bieten etwa die Vorschriften der Verdingungsordnungen über die Dauer der Angebotsfrist einen guten Anhaltspunkt für den zeitlichen Ablauf eines strukturierten Bieterverfahrens. Dies gilt auch vor dem Hintergrund, dass die Verdingungsordnungen nicht in einem ordnungsgemäßen Gesetzgebungsverfahren der Legislative, sondern durch die teils privatwirtschaftlichen Verdingungsausschüsse entstanden sind. Inhaltlich widersprechen sie den Vergaberichtlinien nicht. So setzen beispielsweise die Fristenregelungen der §§ 18 ff. VOB/A (Abschnitt 2) bzw. §§ 18 ff. VOL/A (Abschnitt 2) die Vorgaben der Vergabekoordinierungsrichtlinie[341] inhaltsgleich um. Diese Anlehnung an das Vergaberecht bietet den Vorteil, dass das wenig ausformulierte beihilferechtliche Primärrecht mit den detaillierten Vorschriften eines sachverwandten Sekundärrechtsgebietes ausgefüllt werden könnte. Im Einzelfall muss dann entschieden werden, ob auf die Anwendung der fraglichen vergaberechtlichen Norm gänzlich verzichtet werden kann oder ob eine modifizierte, abgeschwächte Anwendung sinnvoll ist und noch im Einklang mit dem Primärrecht steht. Da es sich bei der Fokussierung des Vergaberechts auf beschaffungsrelevante Vorgänge – und nicht auf Veräußerungsprozesse – um eine bewusste Entscheidung des europäischen Gesetzgebers handelt, kommt eine analoge Anwendung des Vergaberechts ohnehin nicht in Betracht.

Im Folgenden werden die Privatisierungskriterien Offenheit, Transparenz und Bedingungsfreiheit anhand der bisherigen Entscheidungspraxis der Kommission einer näheren Untersuchung unterzogen. Dabei finden sich immer wieder Parallelen zum Vergaberecht.

aa) Offenheit

Zur Bestimmung des Marktwertes eines Privatisierungsobjektes ist nur ein offenes Verfahren geeignet[342]. Ein Veräußerungsverfahren ist offen, wenn alle Kaufinteressenten die Möglichkeit haben, den betreffenden Vermögensgegenstand zu erwerben. Dies setzt naturgemäß eine entsprechende Kenntnis des Veräußerungsvorhabens voraus. Eine vorherige Bekanntmachung ist daher zwingend erforderlich. Fraglich ist, wie eine solche Veröffentlichung zu erfolgen hat.

---

[341] Art. 38 ff. Richtlinie 2004/18/EG.
[342] Entscheidung 2002/896/EG der Kommission, ABl. EG 2002, Nr. L 314, 62, Rn. 29 (Gothaer Fahrzeugtechnik).

Anhaltspunkte für die Beantwortung dieser Frage bietet die Grundstücksmitteilung. Danach ist eine Ausschreibung hinreichend publiziert, wenn sie über einen längeren Zeitraum (zwei Monate oder mehr) mehrfach in der nationalen Presse oder in sonstigen geeigneten Veröffentlichungen bekannt gemacht wurde und somit allen potentiellen Käufern zur Kenntnis gelangen konnte[343]. Eine Bekanntmachung durch Aushang (am „schwarzen Brett") dürfte daher nur in eng begrenzten Ausnahmefällen, bei denen es um sehr kleine Vorhaben geht, zulässig sein[344].

Weitere Anhaltspunkte lassen sich möglicherweise der „Mitteilung der Kommission zu Auslegungsfragen in Bezug auf das Gemeinschaftsrecht, das für die Vergabe öffentlicher Aufträge gilt, die nicht oder nur teilweise unter die Vergaberichtlinien fallen" entnehmen. In dieser Mitteilung nennt die Kommission als gängige und angemessene Veröffentlichungsmedien u.a. die Website des Auftraggebers, Vergabeportale im Internet, nationale Amtsblätter sowie lokale Medien. Grundsätzlich gilt dabei: Je interessanter der Auftrag für potentielle Bieter aus anderen Mitgliedstaaten ist, desto weiter sollte er bekannt gemacht werden[345]. Diese Aussagen können jedoch nicht auf die Veräußerung von Unternehmensanteilen übertragen werden, da deren Wert regelmäßig deutlich oberhalb der vergaberechtlichen Schwellenwerte liegt, die genannte Mitteilung sich jedoch gerade nur auf Unterschwellenwertvergaben bezieht. Die in dieser Mitteilung vorausgesetzte fehlende Binnenmarktrelevanz kann bei einem Unternehmensverkauf wohl nicht angenommen werden.

Somit verbleibt nur die Bezugnahme auf die bisherigen Entscheidungen der Kommission. Danach ist eine Veröffentlichung in einer oder mehreren überregionalen Tageszeitungen zur Herstellung eines angemessenen Grades an Öffentlichkeit nicht ausreichend. In der Entscheidung „Centrale del Latte di Roma" betonte die Kommission, eine Veröffentlichung auf diesem Wege garantiere nicht, dass alle potentiell interessierten Unternehmen in den Mitgliedstaaten Kenntnis von der geplanten Privatisierung erlangen könnten[346].

---

[343] Mitteilung der Kommission betreffend Elemente staatlicher Beihilfe bei Verkäufen von Bauten oder Grundstücken durch die öffentliche Hand, ABl. EG 1997, Nr. C 209, 3 (3 f.).
[344] BRAUN, VergabeR 2006, 657 (664).
[345] Mitteilung der Kommission zu Auslegungsfragen in Bezug auf das Gemeinschaftsrecht, das für die Vergabe öffentlicher Aufträge gilt, die nicht oder nur teilweise unter die Vergaberichtlinien fallen, ABl. EU 2006, Nr. C 179, 2 (4).
[346] Entscheidung 2000/628/EG der Kommission, ABl. EG 2000, Nr. L 265, 15, Rn. 33 (Centrale del Latte di Roma).

In offensichtlichem Widerspruch dazu steht die Kommissionsentscheidung „Gothaer Fahrzeugtechnik", in der die Kommission unter Bezugnahme auf die Grundstücksmitteilung[347] schon dann von einer hinreichenden Publizität ausgeht, wenn in der Presse bereits so lange über die Veräußerung berichtet wurde, dass alle potentiellen Interessenten davon Kenntnis erlangen konnten[348]. Diese Entscheidungspraxis erscheint nicht ganz konsequent, da es sich in beiden Fällen um mittelständische Unternehmen handelte, über deren Privatisierung allenfalls in nationalen Medien berichtet wurde, bei einer unternehmensseitigen Veröffentlichung jedoch eine europaweite Bekanntmachung gefordert wird.

Noch widersprüchlicher sind die Aussagen der Kommission in den Fällen „Stardust Marine"[349] und „HTM"[350]. Im ersten Fall hebt sie hervor, dass es bei derartigen Privatisierungsmaßnahmen nicht Sache des öffentlichen Verkäufers oder seiner Bevollmächtigten (z.B. Investmentbanken) ist, a priori den Markt der potentiellen Käufer festzulegen und abzugrenzen, indem bestimmte potentielle Bewerber eliminiert werden. Das bloße Kontaktieren möglicher Interessenten ist daher nicht ausreichend um einen angemessenen Grad an Öffentlichkeit herzustellen, da nicht wirklich sichergestellt werden kann, dass alle Interessenten erfasst werden[351]. Schon wenn sich nur ein einziger anderer, nicht kontaktierter Bietinteressent an dem Verfahren beteiligt, so ist zweifelsfrei nachgewiesen, dass ein derart eingeschränktes, nicht öffentliches und freihändiges Verfahren nicht angemessen war und nicht alle potentiellen Bieter erfasste[352]. Überdies ist keinesfalls auszuschließen, dass auch Personen aus anderen Branchen als das zu veräußernde Unternehmen an diesem interessiert sind: Im Fall „Stardust Marine" war das Veräußerungsobjekt im Bereich der Yachtvermietung tätig. Kontaktiert wurden nur Unternehmen, die ebenfalls in diesem Sektor tätig sind, obwohl die Tatsache, dass sich das Unternehmen im Besitz einer staatseigenen Bank befand, offensichtlich

---

[347] Mitteilung der Kommission betreffend Elemente staatlicher Beihilfe bei Verkäufen von Bauten oder Grundstücken durch die öffentliche Hand, ABl. EG 1997, Nr. C 209, 3 (4).
[348] Entscheidung 2002/896/EG der Kommission, ABl. EG 2002, Nr. L 314, 62, Rn. 29 (Gothaer Fahrzeugtechnik).
[349] Entscheidung 2000/513/EG der Kommission, ABl. EG 2000, Nr. L 206, 6 (Stardust Marine).
[350] Entscheidung 1997/81/EG der Kommission, ABl. EG 1997, Nr. L 25, 26 (HTM).
[351] Entscheidung 2000/513/EG der Kommission, ABl. EG 2000, Nr. L 206, 6, Rn. 67 (Stardust Marine); zuvor schon Entscheidung 1999/262/EG der Kommission, ABl. EG 1999 Nr. L 103, 19 (25) (Societé de Banque Occidentale).
[352] Entscheidung 2000/513/EG der Kommission, ABl. EG 2000, Nr. L 206, 6, Rn. 66 (Stardust Marine).

auch das Vorhandensein potentieller Käufer aus anderen Branchen zeigt. Im Widerspruch dazu erachtete die Kommission im Fall „HTM" das Kontaktieren 40 potentieller Interessenten über eine Investmentbank mit der Begründung für ausreichend, dass dieses breit angelegte Verfahren in seiner Wirkung einer normalen öffentlichen Ausschreibung entspreche[353].

Es bleibt somit unklar, unter welchen Umständen ein ausreichendes Maß an Öffentlichkeit hergestellt ist. Eine naheliegende Veröffentlichung im Amtsblatt der Europäischen Union scheidet wohl aufgrund der restriktiven Praxis des Amtes für Veröffentlichungen aus, da dieses Bekanntmachungen von Vergaben außerhalb des Anwendungsbereichs des Vergaberechts ablehnt[354]. Um in diesem Punkt Rechtssicherheit zu erlangen, sollten sich öffentliche Verkäufer staatlichen Anteilsvermögens an der neueren Entscheidung „Bank Burgenland" orientieren, in der die Kommission an der europaweiten Bekanntmachung in der englischsprachigen Ausgabe der Financial Times Europe keinen Anstoß nahm[355].

bb) Transparenz

Das Transparenzgebot dient der Gleichbehandlung aller Interessenten, die nur dadurch gewährleistet werden kann, dass allen Bietern die gleichen Informationen zur Verfügung stehen sowie zwingend einzuhaltende Fristen ausreichend lang und allen Interessenten bekannt sind[356].

In der veröffentlichten Ausschreibung sind daher potentielle Bieter aufzufordern, sich innerhalb einer bestimmten Frist um eine Teilnahme an dem Bieterverfahren zu bewerben[357]. Ähnlich dem Verfahren im Kartellvergaberecht dürfen aus Gründen der Gleichbehandlung keine Bewerbungen berücksichtigt werden, die nach Ablauf der Angebotsfrist eingegangen sind[358]. Interessierten Käufern muss daraufhin eine ausreichend ausführliche Unternehmensbeschreibung und ein klarer Kriterienkatalog für die Bewertung ihrer Gebote zur Verfügung gestellt werden[359]. Dazu gehören auch Angaben zu deren Gewichtung, denn nur dadurch können Interessenten ihre Erfolgschancen beurteilen und ihr Angebot kalkulieren. Diese

---

[353] Entscheidung 1997/81/EG der Kommission, ABl. EG 1997, Nr. L 25, 26 (39) (HTM).
[354] *GABRIEL/PRIEß*, NZBau 2007, 617 (620).
[355] Entscheidung 2008/719/EG der Kommission, ABl. EU 2008, Nr. L 239, 32, Rn. 143 (Bank Burgenland); a.A. *GABRIEL/PRIEß*, NZBau 2007, 617 (620), die eine Bekanntmachung in der nationalen Fachpresse für ausreichend halten.
[356] *KRISTOFERITSCH*, EuZW 2006, 428 (430).
[357] *EGGERS/MALMENDIER*, NJW 2003, 780 (784).
[358] *EGGERS/MALMENDIER*, NJW 2003, 780 (785).
[359] *GABRIEL/PRIEß*, NZBau 2007, 617 (620).

Verpflichtung erinnert an die vergaberechtlichen Vorschriften, wonach öffentliche Auftraggeber in einer Ausschreibung grundsätzlich die Gewichtung der Zuschlagskriterien anzugeben haben (Art. 53 II Richtlinie 2004/18/EG)[360]. Das Fehlen dieser Angaben zur Gewichtung war im o.g. Fall „Bank Burgenland" ein wesentlicher Kritikpunkt der Kommission[361].

Nicht notwendig ist es dagegen, diese Informationen bereits in der ersten Veröffentlichung bekanntzugeben. Vielmehr reicht es aus, diese den potentiellen Käufern auf Anfrage zur Verfügung zu stellen. In der Praxis erfolgt dies meist durch Übersendung eines Verkaufsmemorandums bzw. einer Aufforderung zur Abgabe eines Angebots[362]. Dabei darf es jedoch zu keinen Ungleichbehandlungen kommen, d.h. jedem Interessenten müssen die gleichen Informationen zur Verfügung gestellt werden[363]. Neue, nicht bereits von Anfang an genannte Gesichtspunkte dürfen später bei der Bewertung nicht mehr berücksichtigt werden[364].

Eine besonders auffällige Verletzung des Transparenzgebotes fand im Fall „Societé de Banque Occidentale" statt: Dabei wurden wesentliche Veränderungen der Grundvoraussetzungen für die Bewertung des Unternehmens geändert, aber nur einer von neun Bietern darüber informiert[365].

Auch in Fällen, in denen sich das Management des Unternehmens um den Kauf der Unternehmensanteile bewirbt (sog. Management Buy-Out) kann es durch Informationsvorteile zu Intransparenzen kommen[366]. Sollte hier der Zuschlag an frühere oder bestehende Leitungsorgane gehen, kann dadurch bei der Kommission ein Beihilfenverdacht entstehen[367]. In solchen Fällen ist, ebenso wie bei der Anteilsveräußerung an einem gemischtwirtschaftlichen Unternehmen, zur Gewährleistung einer diskriminierungsfreien Auswahl die Einschaltung einer neutralen Entscheidungsinstanz, beispielsweise eines Treuhänders, zu empfehlen[368].

---

[360] JAEGER, EuZW 2008, 686 (690).
[361] Entscheidung 2008/719/EG der Kommission, ABl. EU 2008, Nr. L 239, 32, Rn. 43 (Bank Burgenland).
[362] EGGERS/MALMENDIER, NJW 2003, 780 (785).
[363] EGGERS/MALMENDIER, NJW 2003, 780 (784); MONTAG/LEIBENATH in: Heidenhain, Handbuch des Europäischen Beihilfenrechts, § 28 Privatisierung, Rn. 16.
[364] GABRIEL/PRIEß, NZBau 2007, 617 (621).
[365] Entscheidung 1999/262/EG der Kommission, ABl. EG 1999, Nr. L 103, 19 (25) (Societé de Banque Occidentale).
[366] KRISTOFERITSCH, EuZW 2006, 428 (430).
[367] Entscheidung 2000/513/EG der Kommission, ABl. EG 2000, Nr. L 206, 6, Rn. 68 ff. (Stardust Marine); Entscheidung 2002/896/EG der Kommission, ABl. EG 2002, Nr. L 314, 62, Rn. 28 (Gothaer Fahrzeugtechnik); KRISTOFERITSCH, EuZW 2006, 428 (429).
[368] EGGERS/MALMENDIER, NJW 2003, 780 (785).

Fraglich ist, wie lang die im Ausschreibungsverfahren zu gewährenden Fristen zu bemessen sind; konkrete Vorgaben hierzu gibt es nicht. Sind sie zu kurz, besteht die Gefahr, dass potentielle, insbesondere ausländische Bieter, mittelbar diskriminiert werden. Dies wird vor allem dann der Fall sein, wenn sie aufgrund sprachlicher oder bürokratischer Hindernisse nicht in der Lage sind, rechtzeitig die geforderten Nachweise zu erbringen oder Angebote auszuarbeiten[369].

Nach dem XXIII. Bericht über die Wettbewerbspolitik 1993 müssen alle Bieter über genügend Zeit und Informationen verfügen, um eine angemessene Bewertung vornehmen zu können, auf die sich ihr Angebot bezieht[370]. Konkrete Anhaltspunkte, ab wann die gewährte Zeit „genügend" ist, lassen sich nur den bisher ergangenen Kommissionsentscheidungen entnehmen. Im bereits erwähnten Fall „Societé de Banque Occidentale" befand die Kommission einen Zeitraum von zwei Wochen zwischen Bekanntgabe der Veräußerungsabsicht und Abgabe der Angebote als zu kurz, sofern kein zwingender Grund für eine solch kurze Frist erkennbar ist. Eine derart knapp bemessene Zeitspanne gewähre den Interessenten nicht die Möglichkeit, das Angebot unter zumutbaren Bedingungen zu prüfen[371]. Dagegen erachtete die Kommission im Fall „Georgsmarienhütte" einen Zeitraum von zwei Monaten als ausreichend[372].

Als Anhaltspunkt wird in der Literatur vorgeschlagen, für die Frist zur Abgabe von Interessenbekundungen auf die 30 bzw. 37-tägige Frist abzustellen, die Art. 38 III der Richtlinie 2004/18/EG für Teilnahmeanträge im nicht offenen Verfahren zur Vergabe eines dem Vergaberecht unterfallenden öffentlichen Auftrags vorsieht[373]. Eine solche Frist dürfte bei der Kommission auf keine Bedenken stoßen, zumal an das lediglich primärrechtlichen Mindestanforderungen unterliegende Privatisierungsverfahren keine strengeren Anforderungen als im förmlichen Vergaberecht gestellt werden dürfen[374]. Daher sind auch kürzere Fristen denkbar, den Kommunen aus Gründen der Rechtssicherheit jedoch nicht zu empfehlen[375]. Fristver-

---

[369] *GABRIEL/PRIEß*, NZBau 2007, 617 (621).
[370] XXIII. Bericht über die Wettbewerbspolitik 1993, Rn. 403.
[371] Entscheidung 1999/262/EG der Kommission, ABl. EG 1999, Nr. L 103, 19 (25) (Societé de Banque Occidentale); *MONTAG/LEIBENATH* in: Heidenhain, Handbuch des Europäischen Beihilfenrechts, § 28 Privatisierung, Rn. 21.
[372] Entscheidung 2002/286/EG der Kommission, ABl. EG 2002, Nr. L 105, 33, Rn. 15, 42 (Georgsmarienhütte).
[373] *GABRIEL/PRIEß*, NZBau 2007, 617 (621).
[374] Ebenda.
[375] A.A. *GABRIEL/PRIEß*, NZBau 2007, 617 (621), die im Regelfall eine Frist von zwei Wochen für die Anzeige von Interessenbekundungen für ausreichend halten.

längerungen sind nur nach Information aller bekannten Interessenten zulässig und müssen in denselben Presseorganen, in denen der Verkauf angekündigt wurde, bekannt gegeben werden[376].

Zur Gewährleistung der Nachprüfbarkeit und somit der Transparenz ist das gesamte Verfahren zu dokumentieren[377].

cc) Bedingungsfreiheit

Im XXIII. Wettbewerbsbericht 1993 hebt die Kommission noch ausdrücklich hervor, dass der Ausschreibungswettbewerb bedingungsfrei stattzufinden habe. Als Beispiel für solche Bedingungen wird die Verpflichtung zur Weiterführung bestimmter Geschäftstätigkeiten oder zum Erwerb von Vermögensgegenständen, für die nicht geboten wird, genannt[378]. In der Entscheidung „Gröditzer Stahlwerke" verneinte die Kommission ein bedingungsfreies Verfahren, da im Verkaufsmemorandum der mit der Veräußerung beauftragten Investmentbank kein verbindliches Angebot gefordert wurde. Vielmehr erhielten die Interessenten die Auflage, ein Unternehmenskonzept vorzulegen, in dem detaillierte Verpflichtungen zur Schaffung bzw. Erhaltung von Arbeitsplätzen, zu künftigen Investitionen und zur Finanzierung enthalten sind. Auf dieser Grundlage sollte dann in Verhandlungen der Kaufpreis ermittelt werden[379].

Nur kurze Zeit später änderte jedoch die Kommission ihre Rechtsprechungspraxis und bezog die Grundstücksmitteilung in ihre Erwägungen mit ein[380]. Darin finden sich präzisierte Anforderungen an die Bedingungsfreiheit: Bezogen auf den Verkauf von Immobilien, grundsätzlich jedoch auch auf Unternehmensveräußerungen übertragbar, ist eine Ausschreibung dann bedingungsfrei, „[...] wenn [...] *jeder Käufer unabhängig davon, ob und in welcher Branche er gewerblich tätig ist, das Gebäude oder Grundstück erwerben und für seinen wirtschaftlichen Zweck nutzen kann und darf*"[381]. Diese Sichtweise, die durch jüngere Entscheidungen bestätigt

---

[376] Entscheidung 2002/286/EG der Kommission, ABl. EG 2002, Nr. L 105, 33, Rn. 16 (Georgsmarienhütte).
[377] *GABRIEL/PRIEß*, NZBau 2007, 617 (621).
[378] XXIII. Bericht über die Wettbewerbspolitik 1993, Rn. 403.
[379] Entscheidung 1999/720/EG der Kommission, ABl. EG 1999, Nr. L 292, 27, Rn. 87 (Gröditzer Stahlwerke).
[380] Entscheidung 2000/628/EG der Kommission, ABl. EG 2000, Nr. L 265, 15, Rn. 91 (Centrale del Latte di Roma).
[381] Mitteilung der Kommission betreffend Elemente staatlicher Beihilfe bei Verkäufen von Bauten oder Grundstücken durch die öffentliche Hand, ABl. EG 1997, Nr. C 209, 3 (4).

wird[382], lässt somit Bedingungen grundsätzlich zu, solange alle potentiellen Bewerber diese erfüllen müssen und dazu in der Lage wären.

In den von der Kommission zu entscheidenden Fällen stellte sich immer wieder die Frage, ob auch die Verpflichtung zum Erhalt von Arbeitsplätzen, zur Umsetzung eines Sanierungsplans oder zum Rohstoffbezug von lokalen Produzenten nicht diskriminierend ist. In der Entscheidung „Centrale del Latte di Roma" wurde diese Frage ausdrücklich bejaht, da solche Bedingungen alle potentiellen Bieter gleichermaßen treffen[383]. Wie in der Entscheidung „Georgsmarienhütte" bekräftigt, gilt dies insbesondere auch für die Verpflichtung zur Übernahme von Mitarbeitern gemäß § 613a BGB[384].

Diese Argumentation ist zwar plausibel im Hinblick auf mögliche Diskriminierungen aus Gründen der Staatsangehörigkeit (Art. 12 EGV), nicht jedoch, um die Gewährung von Beihilfen auszuschließen. Solche Auflagen an den Erwerber des Unternehmens greifen erheblich in dessen unternehmerische Handlungsfreiheit ein. Der erzielbare Kaufpreis wird daher unter dem Wert liegen, der bei einem Verkauf ohne solche Bedingungen möglich wäre. Gerade dies müsste aber den Beihilfenverdacht hervorrufen, da ein marktwirtschaftlich handelnder Veräußerer in der Regel nicht bereit ist, zur Förderung gesellschaftspolitischer Ziele einen aus wirtschaftlicher Sicht überhöhten Preis zu zahlen[385]. Zudem besteht bei einem Angebot, welches an keine weiteren Bedingungen geknüpft ist, eine höhere Wahrscheinlichkeit dafür, dass sich mehr Bieter an dem Verfahren beteiligen[386].

Im konkreten Fall „Centrale del Latte di Roma" sah die Kommission in der Tatsache, dass der erzielte Kaufpreis deutlich (42%) über dem von einem Gutachter ermittelten Unternehmenswert lag, einen Ausgleich für den, durch Bedingungen hervorgerufenen, potentiell niedrigeren Verkaufspreis[387]. In gleicher Weise entschied sie im Fall „GSG"[388]: Hier veräußerte

---

[382] Entscheidung 2008/719/EG der Kommission, ABl. EU 2008, Nr. L 239, 32, Rn. 106 (Bank Burgenland).
[383] Entscheidung 2000/628/EG der Kommission, ABl. EG 2000, Nr. L 265, 15, Rn. 91 (Centrale del Latte di Roma).
[384] Entscheidung 2002/286/EG der Kommission, ABl. EG 2002, Nr. L 105, 33, Rn. 43 (Georgsmarienhütte).
[385] FISCHER, VergabeR 2004, 1 (6); KRISTOFERITSCH, EuZW 2006, 428 (430).
[386] Entscheidung 2008/719/EG der Kommission, ABl. EU 2008, Nr. L 239, 32, Rn. 44 (Bank Burgenland).
[387] Entscheidung 2000/628/EG der Kommission, ABl. EG 2000, Nr. L 265, 15, Rn. 91 (Centrale del Latte di Roma).

das Land Berlin seine Geschäftsanteile an einer Immobiliengesellschaft, legte dem Erwerber jedoch bestimmte Bedingungen über die Höhe zukünftiger Mieten auf (Mietpreisbindung). Die Kommission erachtete diese Bedingungen für zulässig, da der Kaufvertrag eine Preisanpassungsklausel enthielt, wonach der Unternehmenswert in einem späteren Gutachten erneut bestimmt und gegebenenfalls nach oben angepasst werden sollte.

Dieser Entscheidungspraxis lässt sich entnehmen, dass die Kommission trotz der in den Privatisierungskriterien des XXIII. Wettbewerbsberichtes genannten Bedingungsfreiheit Bedingungen sehr wohl zulässt, solange sie keine diskriminierende Wirkung haben. Im Hinblick auf die stark einzelfallbezogene und schwer vorhersehbare Entscheidungspraxis der Kommission sollten veräußerungswillige Kommunen den Käufern jedoch allenfalls Bedingungen auferlegen, die in einer gesamtwirtschaftlichen Betrachtung eine nur untergeordnete Bedeutung haben[389].

b) Veräußerung an den Meistbietenden

Ohne dies näher zu konkretisieren, schreiben die Privatisierungskriterien im XXIII. Wettbewerbsbericht 1993 vor, dass zur Beseitigung eines Beihilfenverdachts der Zuschlag an den Meistbietenden zu gehen hat[390]. Ist das Verfahren im Einklang mit den übrigen genannten Kriterien durchgeführt worden, so genügt auch die Veräußerung an den einzig verbleibenden Bieter[391]. Da die in diesen Leitlinien aufgestellten Anforderungen[392] kumulativ vorliegen müssen, um ohne weitere Prüfung von einer Beihilfenfreiheit auszugehen, rechtfertigt allein schon die Tatsache, dass nicht an den Meistbietenden verkauft wird, die Einleitung eines förmlichen Prüfverfahrens[393]. In einer solchen Einzelfallprüfung können die Grundsätze des Wettbewerbsberichts und der Grundstücksmitteilung keine Berücksichtigung finden[394]. Daraus folgt jedoch noch nicht, dass bei einer Veräußerung an einen anderen als den Meistbietenden per se eine Beihilfe vorliegt. Schon in der Entscheidung „Stardust Marine" erkannte die Kommis-

---

[388] Entscheidung der Kommission im Verfahren N 804/2000, SG (2001) D/ 289319 (GSG).
[389] In diesem Sinne auch *GABRIEL/PRIEß*, NZBau 2007, 617 (620).
[390] XXIII. Bericht über die Wettbewerbspolitik 1993, Rn. 403.
[391] Entscheidung 2002/286/EG der Kommission, ABl. EG 2002, Nr. L 105, 33, Rn. 46 (Georgsmarienhütte).
[392] Vgl. F.II.2.
[393] Entscheidung 2008/719/EG der Kommission, ABl. EU 2008, Nr. L 239, 32, Rn. 104 (Bank Burgenland).
[394] Entscheidung 2008/719/EG der Kommission, ABl. EU 2008, Nr. L 239, 32, Rn. 115 (Bank Burgenland).

sion an, dass auch andere Elemente als der Preis, wie z.B. Garantien oder Risiken außerhalb der Bilanz von Privataktionären zu berücksichtigen seien. Die Tatsache, dass nicht der Meistbietende den Zuschlag erhält, ist an sich kein unwiderlegbarer Beweis für eine Beihilfe, da der Begriff des Meistbietenden weiter ausgelegt werden kann, wenn die Unterschiede zwischen den Angeboten bei den außerbilanzmäßigen Risiken berücksichtigt werden[395].

Hierin zeigen sich deutliche Ähnlichkeiten zur Wertung der Angebote im Vergaberecht: Auch die Vergaberichtlinien lassen neben dem Zuschlagskriterium „Preis" andere Bewertungsfaktoren zu. Als Beispiele werden u.a. Qualität, technischer Wert, Ästhetik, Zweckmäßigkeit, Umwelteigenschaften, Betriebskosten, Rentabilität, Kundendienst und technische Hilfe, Lieferzeitpunkt sowie Lieferungs- oder Ausführungsfrist genannt, Art. 53 I lit. a Richtlinie 2004/18/EG. Allerdings unterscheidet sich das vergaberechtliche Gebot des Zuschlags an das wirtschaftlichste Gebot von dem beihilferechtlichen Meistbieterprinzip in der Weise, als dass nach dem Beihilfenrecht nur niedrigere Gebote den Zuschlag erhalten können, wenn dies durch geldwerte Faktoren gerechtfertigt ist. Umwelt- oder sozialpolitische Zuschlagskriterien wären demnach nicht zulässig[396].

In der jüngeren Entscheidung „Bank Burgenland" zieht die Kommission wieder den Maßstab des marktwirtschaftlich handelnden Wirtschaftsteilnehmers heran und führt aus, dass sich ein solcher dann ausnahmsweise für ein niedrigeres Angebot entscheiden könnte, wenn offensichtlich ist, dass der Verkauf an den Meistbietenden nicht durchführbar und es gerechtfertigt ist, auch anderen Faktoren als dem Preis Rechnung zu tragen[397]. Im besagten Fall ging es konkret darum, ob das Kriterium der „Vermeidung der Inanspruchnahme von Ausfallbürgschaften" auch für einen privaten Verkäufer von essentieller Bedeutung gewesen wäre, die den Zuschlag zugunsten eines niedrigeren Gebotes gerechtfertigt hätte. Das Land Burgenland befürchtete, dass eine bis 2017 laufende, als Beihilfe genehmigte Ausfallbürgschaft in Höhe von 3,1 Milliarden Euro bei einem Verkauf an einen weniger zuverlässigen Investor in Anspruch genommen werden könnte. Die Wahrscheinlichkeit dafür wäre bei dem ukrainisch-österreichischem Konsortium durchaus höher gewesen, zumal dieses beabsichtigte, die Geschäftstätigkeit der Bank Burgenland auf den osteuropäischen Raum auszudehnen, während die GRAWE keine Änderung der

---

[395] Entscheidung 2000/513/EG der Kommission, ABl. EG 2000, Nr. L 206, 6, Rn. 78 (Stardust Marine).
[396] JAEGER, EuZW 2008, 686 (690).
[397] Entscheidung 2008/719/EG der Kommission, ABl. EU 2008, Nr. L 239, 32, Rn. 104 (Bank Burgenland).

Geschäftspolitik plante. Trotzdem verneinte die Kommission hier die Zulässigkeit einer derartigen Bedingung[398].

Gerade in diesem Punkt rief die Entscheidung zum Teil deutliche Kritik in der Literatur hervor. So verweist Soltész in diesem Zusammenhang auf die gegenwärtige Bankenkrise, die deutlich mache, wie schnell öffentliche Finanzhilfen notwendig werden können[399]. Zudem müsste auch der von der Kommission als Maßstab herangezogene „private vendor"[400] solche Risiken nach dem Vorsichtsprinzip in seiner Bilanz aufführen[401]. Letztlich würde so der Staat als Verkäufer grundlos schlechter behandelt werden als eine private Vergleichsfigur[402], und das, obwohl es sich bei dieser Haftung im Grunde genommen um ein zivilrechtliches Instrument handelt. Dieser Kritik ist zuzustimmen, denn auch jeder private Unternehmensverkäufer würde die Wahrscheinlichkeit etwaiger Haftungsrisiken, die von der Person des Käufers abhängig sind, mit in seine Auswahlerwägungen einbeziehen.

Auch das Auswahlkriterium der raschen Durchführung könnte für einen privaten Veräußerer von Bedeutung sein, zumindest dann, wenn das Risiko einer Verzögerung teurer als die Kaufpreisminderung wäre[403]. Voraussetzung dafür ist jedoch, dass es dabei nicht zu einer mittelbaren Diskriminierung aufgrund der Staatsangehörigkeit (Art. 12 EGV) kommt, wenn ein ausländischer Bieter allein dadurch schlechtere Chancen auf einen Zuschlag hat, weil eine Genehmigungsbehörde bei einem inländischen Erwerber weniger Zeit für die Genehmigungsprüfung als für einen ausländischen Käufer benötigt[404].

Damit lässt sich festhalten, dass eine Veräußerung an den Meistbietenden nicht zwingend ist, um eine Beihilfenvermutung zu entkräften. Wenn unter Berücksichtigung aller Umstände ein niedrigeres Gebot als das wirtschaftlichste angesehen werden kann, so liegt darin keine Beihilfe. Die Kommission spricht daher auch schlicht vom „besten Gebot"[405]. Aller-

---

[398] Entscheidung 2008/719/EG der Kommission, ABl. EU 2008, Nr. L 239, 32, Rn. 135 (Bank Burgenland).
[399] SOLTÉSZ, EuZW 2008, 353 (353).
[400] Entscheidung 2008/719/EG der Kommission, ABl. EU 2008, Nr. L 239, 32, Rn. 118 (Bank Burgenland).
[401] JAEGER, EuZW 2007, 499 (501).
[402] Ebenda.
[403] JAEGER, EuZW 2007, 499 (501); SOLTÉSZ, EuZW 2008, 353 (353).
[404] Entscheidung 2008/719/EG der Kommission, ABl. EU 2008, Nr. L 239, 32, Rn. 130 (Bank Burgenland).
[405] Entscheidung 1997/81/EG der Kommission, ABl. EG 1997, Nr. L 25, 26 (39) (HTM); Entscheidung 2008/719/EG der Kommission, ABl. EU 2008, Nr. L 239, 32, Rn. 144

dings dürfen dabei keine Faktoren einkalkuliert werden, die dem Staat Allgemeinkosten (z.b. Arbeitslosengeld, Insolvenzgeld) ersparen oder höhere Einnahmen (z.b. Steuern, Sozialversicherungsbeiträge) einbringen. Dies ist Ausfluss des das EG-Beihilfenrecht prägenden Grundsatzes, dass sich die öffentliche Hand im Rahmen ihrer privatwirtschaftlichen Tätigkeit so zu verhalten hat, wie es ein umsichtiger marktwirtschaftlich handelnder Kapitalgeber tun würde[406]. Ein solcher müsste bei seinen strategischen Entscheidungen gerade keine Rücksicht auf allgemeinpolitische Ziele nehmen und tut dies in der Regel auch nicht.

Im Zusammenhang mit der Erteilung des Zuschlags stellt sich eine weitere, bisher ungeklärte Frage: Müssen übergangene Bieter, ähnlich wie im Vergaberecht (§ 13 VgV bzw. Art. 41 Richtlinie 2004/18/EG), von dem beabsichtigten Zuschlag informiert werden? In der Literatur wird diese Frage zum Teil bejaht, da erfolglose Bieter nur auf diese Weise abschätzen können, ob ein rechtliches Vorgehen gegen den erteilten Zuschlag in Betracht kommt[407]. Diese Ansicht verkennt jedoch, dass diesbezüglich grundlegende Unterschiede zwischen dem Vergaberecht und dem Beihilfenrecht bestehen: Der subjektive Bieterschutz (§ 97 VII GWB) im Vergaberecht ist ausdrücklich und umfangreich in den §§ 102 - 129 GWB geregelt. Da ein einmal erteilter Zuschlag nicht mehr rückgängig gemacht werden kann (§ 114 II GWB), ist zur Gewährleistung des Primärrechtsschutzes eine rechtzeitige Vorabinformation zwingend erforderlich. Das Beihilfenrecht zielt dagegen gerade nicht auf den Schutz einzelner Interessenten ab, sondern einzig und allein auf Vermeidung von Wettbewerbsverzerrungen durch unzulässige Beihilfen. Dieses Ziel kann ebenso gut ohne eine vorherige Benachrichtigung der teilnehmenden Bieter erreicht werden, da die Kommission auch nach Zuschlagserteilung Maßnahmen ergreifen kann, um die durch die Beihilfe bestehende Wettbewerbsverfälschung zu beseitigen. Im Ergebnis ist daher sowohl eine analoge als auch eine sinngemäße Anwendung des § 13 VgV abzulehnen; eine dementsprechende Vorabinformationspflicht besteht folglich nicht.

III. Unabhängiges Wertgutachten

Die Mitgliedstaaten der Europäischen Union sind beim Verkauf öffentlicher Vermögenswerte nicht verpflichtet, ein förmliches Ausschreibungs-

---

(Bank Burgenland); ZENTNER, Die Bedeutung der Beihilfevorschriften für die Vermögensprivatisierung, 172.
[406] GABRIEL/PRIEß, NZBau 2007, 617 (620); ZENTNER, Die Bedeutung der Beihilfevorschriften für die Vermögensprivatisierung, 101.
[407] EGGERS/MALMENDIER, NJW 2003, 780 (784 f.).

verfahren durchzuführen oder das Vergaberecht anzuwenden[408]. Somit ist auch der freihändige Verkauf im Wege direkter Verhandlungen nicht gänzlich ausgeschlossen. Allerdings sind die Anforderungen an diese Veräußerungsmethode hoch und rechtlich noch nicht restlos geklärt.

Seit der Kommissionsentscheidung „Centrale del Latte di Roma" steht zumindest fest, dass eine Bewertung des Privatisierungsverfahrens ergänzend im Lichte der Grundstücksmitteilung zu erfolgen hat[409]. Demnach kann der Wert des zu veräußernden Unternehmens, statt durch einen Verkauf über die Börse oder im Wege eines strukturierten Bieterverfahrens, auch durch einen unabhängigen, öffentlich bestellten und vereidigten Sachverständigen ermittelt werden.

Diese Methode stößt in der Praxis aber auf erhebliche Schwierigkeiten, da sich der Wert von Unternehmensanteilen kaum objektiv beurteilen lässt. Zum einen bestehen trotz strenger handelsrechtlicher Vorschriften erhebliche bilanzpolitische Bewertungsspielräume, zum anderen setzt sich der Unternehmenswert nicht nur aus der Differenz von Aktiva und Passiva zusammen. Für einen potentiellen Käufer sind vielmehr die immateriellen Werte wie Geschäftsaussichten, Kundenstamm, Markenimage und Mitarbeiter-Know-How (sog. Goodwill) maßgeblich. So beträgt beispielsweise der geschätzte Markenwert bekannter Konsumgüterunternehmen oft einen großen Teil der Börsenkapitalisierung, ohne dass sich dieser Wert in einer Bilanz widerspiegelt. Infolgedessen sind potentielle Käufer nicht nur bereit, den „Verkehrswert" zu zahlen, sondern auch erhebliche strategische Zuschläge, die sich vorher kaum beziffern lassen[410]. Ein Verkauf zum scheinbar objektiven Buchwert könnte somit eine beträchtliche, verdeckte Beihilfe darstellen.

Trotzdem wird in der Literatur zum Teil die Meinung vertreten, dass die Wertermittlung durch ein unabhängiges Gutachten in gleicher Weise wie die Durchführung eines strukturierten Bieterverfahrens die Erzielung eines marktgerechten Preises gewährleiste[411]. Dieser Ansicht kann jedoch

---

[408] Entscheidung 2000/628/EG der Kommission, ABl. EG 2000, Nr. L 265, 15, Rn. 88 (Centrale del Latte di Roma); Entscheidung 2001/120/EG der Kommission, ABl. EG 2001, Nr. L 44, 39, Rn. 24 (Kali und Salz); Entscheidung 2002/896/EG der Kommission, ABl. EG 2002 Nr. L 314, 62, Rn. 28 (Gothaer Fahrzeugtechnik).
[409] Entscheidung 2000/628/EG der Kommission, ABl. EG 2000, Nr. L 265, 15, Rn. 85 (Centrale del Latte di Roma); Entscheidung 2002/896/EG der Kommission, ABl. EG 2002, Nr. L 314, 62, Rn. 28 (Gothaer Fahrzeugtechnik); ZENTNER, Die Bedeutung der Beihilfevorschriften für die Vermögensprivatisierung, 193.
[410] EGGERS/MALMENDIER, NJW 2003, 780 (782).
[411] MONTAG/LEIBENATH in: Heidenhain, Handbuch des Europäischen Beihilfenrechts, § 28 Privatisierung, Rn. 22-24; SOLTÉSZ/BIELESZ, EuZW 2004, 391 (394).

nicht gefolgt werden, da sich der von der Kommission geforderte „Marktpreis" begriffsimmanent am Markt, also durch Angebot und Nachfrage, ergibt. Keine noch so gründliche Schätzung kann den Marktpreis eines Wirtschaftsgutes genau bestimmen; dies gilt umso mehr für die nur mit großen Schwierigkeiten bewertbaren Unternehmensanteile.

Bestätigt wird diese Ansicht durch die jüngste Kommissionsentscheidung „Bank Burgenland". Danach können die Grundsätze der Grundstücksmitteilung zwar auf Unternehmensverkäufe übertragen werden, ein unabhängiges Gutachten reiche aber nicht aus, eine staatliche Beihilfe auszuschließen[412]. Eine zwischen Grundstücken und Unternehmen differenzierende Verfahrensweise erscheint hier in der Tat angebracht, da der Wert von Immobilien wesentlich statischer ist als der ständigen Schwankungen unterliegende Wert eines Unternehmens[413]. Im konkreten Fall ging es um die Frage, ob ein unabhängiges Wertgutachten den Verkauf an eine andere Person als den Meistbietenden rechtfertigen könne. Dies verneinte die Kommission[414]. Dem lag der Sachverhalt zugrunde, dass sowohl das Gebot des Erst-, als auch das des Zweitbieters über dem von verschiedenen Wirtschaftsprüfern ermittelten Unternehmenswert lag. Die Kommission hielt es für inkonsequent, ein ex-ante-Gutachten zu akzeptieren, höhere Angebote in einem Bietverfahren dagegen unberücksichtigt zu lassen[415]. In einem Fall wie diesem, in dem sowohl ein unabhängiges Gutachten als auch ein höheres verbindliches Kaufangebot vorliegen, ist zweifelsohne letzteres ein besserer Näherungswert für den Marktwert des zu veräußernden Objektes, da es sich nicht nur um eine hypothetische Bewertung, sondern um ein tatsächliches Angebot handelt[416]. Umgekehrt bejaht die Kommission konsequenterweise auch dann einen Verkauf zum Marktwert, wenn der durch ein ordnungsgemäß durchgeführtes strukturiertes Bieterverfahren ermittelte Preis unter dem durch Gutachten ermittelten Wert liegt[417]. Hierin zeigt sich einmal mehr die deutliche Präferenz der Kommission für einen solchen Ausschreibungswettbewerb gegenüber der gutachtlichen Wertbestimmung.

---

[412] Entscheidung 2008/719/EG der Kommission, ABl. EU 2008, Nr. L 239, 32, Rn. 108 (Bank Burgenland).
[413] Entscheidung 2002/286/EG der Kommission, ABl. EG 2002, Nr. L 105, 33, Rn. 27 (Georgsmarienhütte).
[414] Entscheidung 2008/719/EG der Kommission, ABl. EU 2008, Nr. L 239, 32, Rn. 109 f. (Bank Burgenland).
[415] Ebenda.
[416] Entscheidung 2008/719/EG der Kommission, ABl. EU 2008, Nr. L 239, 32, Rn. 112 (Bank Burgenland).
[417] Entscheidung 2002/286/EG der Kommission, ABl. EG 2002, Nr. L 105, 33, Rn. 37, 48 (Georgsmarienhütte).

Offensichtlich legt die Kommission hier sogar strengere Maßstäbe als an einen privaten Marktteilnehmer an. Für diesen dürfte unter Umständen, wenn nicht sogar in der Mehrzahl der Fälle eine Wertermittlung durch Wertgutachten die vorzugswürdigere Methode sein. Dies folgt schon allein daraus, dass ein durch öffentliche Ausschreibung bekannt gemachter, bevorstehender Eignerwechsel zu Verunsicherungen bei Arbeitnehmern, Lieferanten und Kunden führen kann. Diskreter lässt sich eine solche Transaktion im Wege des freihändigen Verkaufs nach gutachtlicher Wertermittlung vollziehen. Nicht zuletzt die große Anzahl darauf spezialisierter Unternehmen bzw. Unternehmensberatungen scheint diese These zu belegen. Allerdings erscheint eine strengere Haltung der Kommission gegenüber öffentlichen Anteilsverkäufen gerechtfertigt. Die Beihilfevorschriften des EG-Vertrages entfalten nur dann Wirkung, wenn eine Begünstigung aus staatlichen Mitteln gewährt wird. Bei Transaktionen zwischen Privaten wird dieses Tatbestandsmerkmal des Art. 87 I EGV in der Regel nicht erfüllt sein, so dass es in solchen Fällen nicht zu Verstößen gegen das EG-Beihilfenrecht kommen kann. Auf eine eventuelle Begünstigung kommt es dann nicht mehr an. Tätigt dagegen der Staat selbst ein Veräußerungsgeschäft, so schließt eine gutachtliche Unternehmensbewertung eine solche Begünstigung aus den o.g. Gründen nicht zweifelsfrei aus.

Auch wenn die Kommission die Wertermittlung durch einen unabhängigen Sachverständigen bisher beihilferechtlich nur in wenigen Fällen beanstandet hat[418], so lässt sich doch im Ergebnis festhalten, dass ein solches Verfahren, im Gegensatz zu strukturierten Bieterverfahren, den Vorwurf einer unzulässigen Beihilfe nicht ohne weiteres entkräften kann[419]. Zudem sind in der Regel mehrere unabhängige Wertgutachten erforderlich[420], die gerade bei größeren Unternehmen nicht unerhebliche Kosten verursachen. Folglich ist der Verkauf zu einem durch unabhängige Wertgutachten ermittelten Preis eine zwar grundsätzlich zulässige, aber sehr unsichere und den Kommunen nicht zu empfehlende Methode der staatlichen Anteilsveräußerung.

---

[418] *SOLTÉSZ/BIELESZ*, EuZW 2004, 391 (394).
[419] *EGGERS/MALMENDIER*, NJW 2003, 780 (782).
[420] So z.B. Entscheidung der Kommission im Verfahren N 804/2000, SG (2001) D/ 289319 (GSG), in der die Kommission erst nach insgesamt drei unabhängigen Gutachten und der Vereinbarung einer Preisanpassungsklausel von einer Marktangemessenheit des Verkaufspreises ausging. Zudem handelte sich um den Sonderfall einer verhältnismäßig einfach bewertbaren Immobiliengesellschaft, deren Aktiva zum größten Teil aus Grundstücken und Gebäuden bestand.

IV. Zwischenergebnis

Grundsätzlich können die Mitgliedstaaten frei entscheiden, auf welchem Wege sie ihre Unternehmen privatisieren; allerdings gebietet insbesondere das europäische Beihilfenrecht eine Veräußerung zum Marktpreis. Zur Ermittlung dieses Wertes schlägt der XXIII. Wettbewerbsbericht 1993 verschiedene Methoden vor. Danach stößt der Verkauf über die Börse bei der Kommission auf keinerlei Bedenken. Da für die überwiegende Zahl der Privatisierungen ein Börsengang nicht in Betracht kommt, kann alternativ dazu ein strukturiertes Bieterverfahren durchgeführt werden, das sich an Grundsätzen des europäischen Primärrechts zu orientieren hat. Notwendig ist folglich ein offenes, transparentes und bedingungsfreies Bieterverfahren, bei dem der Zuschlag an den Meistbietenden geht. Diese Anforderungen wurden von der Kommission im Laufe einer längeren Rechtsprechungspraxis konkretisiert, jedoch ist diese stark einzelfallbezogen und bisweilen widersprüchlich. Eine in der Literatur zum Teil geforderte aktuelle, klarstellende Mitteilung zur Ausgestaltung von Privatisierungsverfahren[421] ist nicht in Sicht. Am sichersten, wohl aber auch am aufwendigsten, ist ein Verfahren, dass sich an den Bestimmungen des Vergaberechts orientiert. In Betracht käme vornehmlich das Verhandlungsverfahren mit vorheriger Vergabebekanntmachung (§ 101 IV GWB) oder der wettbewerbliche Dialog (§ 101 V GWB). So ist auf jeden Fall sichergestellt, dass den Vorgaben des primären Europarechts Genüge geleistet wird. Um zusätzliche Rechtssicherheit zu erlangen, können öffentliche Unternehmensverkäufer alternativ zu einer engen Anlehnung an das Vergaberecht auch das Angebot der Kommission annehmen und den beabsichtigten Verkauf freiwillig der Kommission mitteilen[422]. Sieht diese in der beabsichtigten Transaktion keine potentiell gemeinschaftsrechtswidrige Beihilfe, so wird sie dem entsprechenden Mitgliedstaat gemäß Art. 4 II der Verfahrensordnung (EG) Nr. 659/1999[423] ein Negativattest ausstellen. Allerdings muss dabei mit zusätzlichen Verzögerungen auf den Veräußerungsprozess gerechnet werden.

Wird eine staatliche Vermögensveräußerung nicht im Wege eines dieser unbedenklichen Verfahren durchgeführt, greift eine grundsätzliche Beihilfevermutung, die eine Notifizierung bei der Kommission zwingend erforderlich macht. In Einzelfällen kam die Kommission dabei auch zu dem Schluss, dass eine Unternehmensprivatisierung durch freihändigen Ver-

---

[421] JAEGER, EuZW 2008, 686 (691).
[422] XXIII. Bericht über die Wettbewerbspolitik 1993, Rn. 403.
[423] Verordnung (EG) Nr. 659/1999 des Rates vom 22.3.1999 über besondere Vorschriften für die Anwendung von Artikel 93 des EG-Vertrags, ABl. EG 1999, Nr. L 83, 1.

kauf des Unternehmens keine Beihilfeelemente enthielt. Dies setzte jedoch eine Wertermittlung durch verschiedene, unabhängige Wertgutachten voraus. Eine Notifizierung gemäß Art. 88 III EGV wird durch eine solche Bewertung jedoch nicht entbehrlich. Gleiches gilt im Übrigen für Privatisierungen, denen Schuldenerlasse oder andere Kapitalzuführungen zugunsten des Veräußerungsobjektes vorangegangen sind.

Wegen der unvermeidbaren Unsicherheiten und Spielräume bei einer gutachtlichen Unternehmensbewertung bietet ein Ausschreibungswettbewerb aber eine höhere Gewähr dafür, dass das Unternehmen tatsächlich zum Marktwert veräußert wird[424].

Das von der Kommission favorisierte strukturierte Bieterverfahren ist nicht nur ein lästiges Verfahren, das dazu dient, den Beihilfenverdacht auszuschließen und somit die Kommission zu „besänftigen". Es bietet der öffentlichen Hand auch eine Reihe nicht zu unterschätzender Vorteile:

Zum einen profitiert der Veräußerer von einem Preisfindungsmechanismus, der ihm den höchstmöglichen erzielbaren Veräußerungspreis garantiert: Dem Markt. Umgekehrt entfällt das Risiko, dass sich ein gutachtlich ermittelter Unternehmenswert als zu hoch herausstellt und ein Verkauf aus diesem Grunde scheitert. Daneben entfallen die nicht unerheblichen Kosten für die Erstellung unabhängiger Wertgutachten. Auch praktische Erwägungen lassen einen Ausschreibungswettbewerb vorzugswürdig erscheinen: In der Regel stehen nämlich die wesentlichen Bedingungen der Transaktion erst nach Abschluss intensiver Verhandlungen fest. Diese erfordern meist noch eine Zustimmung durch die verantwortlichen öffentlichen Gremien (z.B. Gemeinde- oder Kreisvertretung). Eine dazwischen liegende gutachtliche Bestimmung des Verkehrswertes bzw. Marktpreises erscheint hier schon aus zeitlichen Gründen ausgeschlossen[425].

Letztlich sollte auch der Erwerber ein Interesse an einem ordnungsgemäß durchgeführten Verfahren haben, da etwaige Beihilfen von ihm und nicht von der öffentlichen Hand zurückzuzahlen sind[426]. Alternativ bliebe nur die wohl kaum gewünschte Rückabwicklung der Privatisierung. Dies würde die durch die Beihilfe verursachte Wettbewerbsverfälschung wieder rückgängig machen.

---

[424] BERGER, ZfBR 2002, 134 (136); ZENTNER, Die Bedeutung der Beihilfevorschriften für die Vermögensprivatisierung, 195.
[425] BERGER, ZfBR 2002, 134 (136).
[426] Dazu sogleich unter G.

G. Rechtsfolgen unterlassener Ausschreibungen nach dem EG-Beihilfenrecht

Bei einer Privatisierung, deren Ausgestaltung nicht den im XXIII. Wettbewerbsbericht aufgestellten Leitlinien entspricht, bestehen für den öffentlichen Veräußerer bzw. den entsprechenden Mitgliedstaat vielfältige Risiken. Diese reichen von der Verpflichtung zur Rückforderung der gewährten Beihilfe (I.) über die zivilrechtliche Nichtigkeit (II.) bis hin zu einem Vertragsverletzungsverfahren oder der Zahlung eines Zwangsgeldes (III.).

I. Verpflichtung zur Rückforderung der gewährten Beihilfe

Kommt die Kommission zu dem Ergebnis, dass eine gegen Art. 87 I EGV verstoßende Beihilfe vorliegt, wird sie eine Entscheidung auf der Grundlage des Art. 88 II EGV treffen, nach der die gewährten Beihilfen zurückzuzahlen sind. Zuvor wird sie jedoch dem Veräußerer und anderen Beteiligten die Möglichkeit bieten, eine Stellungnahme abzugeben, Art. 88 II EGV. Adressat einer solchen Entscheidung i.S.d. Art. 249 IV EGV ist ausschließlich der die Beihilfe gewährende Mitgliedstaat und nicht das begünstigte Unternehmen[427].

Die Entscheidung verpflichtet den betreffenden Mitgliedstaat, die gemeinschaftsrechtswidrige Beihilfe vom Empfänger zurückzufordern[428]. Auf diesem Wege wird dem Beihilfenempfänger der Vorteil genommen, der ihm durch die Zahlung der Beihilfe gegenüber seinen Konkurrenten am Markt gewährt wurde. Die Verpflichtung zur Rückzahlung der rechtswidrig erhaltenen Beihilfe hat somit keinen Sanktionscharakter, sondern zielt einzig darauf ab, die Lage wiederherzustellen, die ohne die Beihilfe bestand[429].

Die Höhe der Beihilfe liegt dabei in der Differenz zwischen dem tatsächlich erzielten Verkaufspreis und dem Preis, der unter Beachtung der Privatisierungskriterien im XXIII. Wettbewerbsbericht zu erzielen gewesen wä-

---

[427] Vgl. nur Entscheidung 2000/513/EG der Kommission, ABl. EG 2000, Nr. L 206, 6, Art. 4 (Stardust Marine); Entscheidung 2000/628/EG der Kommission, ABl. EG 2000, Nr. L 265, 15, Art. 4 (Centrale del Latte di Roma); Entscheidung 2002/896/EG der Kommission, ABl. EG 2002, Nr. L 314, 62, Art. 2 (Gothaer Fahrzeugtechnik).
[428] EuGH, Rs. 310/85, Slg. 1987, 901, Deufil / Kommission, Rn. 24; V. BREVERN, EWS 2005, 154 (155); SOLTÉSZ/BIELESZ, EuZW 2004, 391 (394).
[429] V. BREVERN, EWS 2005, 154 (158); SOLTÉSZ/SCHÄDLE, BB 2008, 510 (511); ZENTNER, Die Bedeutung der Beihilfevorschriften für die Vermögensprivatisierung, 215.

re[430]. Die genaue Berechnung des Rückzahlungsbetrages überlässt die Kommission regelmäßig den Mitgliedstaaten, wobei es hierbei jedoch häufig zu erneuten Rechtstreitigkeiten mit der Kommission kommt. Streitig ist dabei vor allem der auf den Rückforderungsbetrag anzuwendende Zinssatz sowie die Möglichkeit der Zinseszinsberechnung[431].

Häufig verweigern die Mitgliedstaaten eine Rückforderung auch mit dem Argument, dass dies zu einer Insolvenz des begünstigten Unternehmens führen würde. Zwar besteht im Falle der Unmöglichkeit keine Pflicht zur Rückzahlung[432], allerdings hat der EuGH bisher das Vorliegen einer solchen Unmöglichkeit noch in keiner Entscheidung bejaht[433]. Eine Rückzahlungsverpflichtung dürfte daher auch bei einer dadurch verursachten Insolvenz bestehen; tatsächlich müssen dann auch ca. ein Drittel der Rückforderungsentscheidungen gegenüber insolventen Unternehmen geltend gemacht werden[434]. Dieses strenge Vorgehen ist folgerichtig, da das betreffende Unternehmen ohne die gemeinschaftsrechtswidrige Beihilfe mit hoher Wahrscheinlichkeit ohnehin vom Markt verschwunden wäre. Eine Verfälschung des Wettbewerbs wird somit durch die Insolvenz wieder bereinigt. In diesem Sinne hielt auch der frühere Wettbewerbskommissar *Monti* den Marktaustritt nicht hinreichend wettbewerbsfähiger Unternehmen, deren Subventionierung von der Kommission untersagt wird, für eine durchaus gewünschte Nebenfolge der Beihilfeaufsicht. Es sei nicht Sache des Staates, in Schwierigkeiten geratene Unternehmen zu retten. Das Verschwinden solcher Unternehmen vom Markt sei ein normaler Prozess innerhalb einer Marktwirtschaft, wodurch gebundene Produktionsmittel innerhalb einer Volkswirtschaft effizienter genutzt werden könnten[435].

---

[430] Entscheidung 2008/719/EG der Kommission, ABl. EU 2008, Nr. L 239, 32, Art. 1 (Bank Burgenland); FISCHER, VergabeR 2004, 1 (2); KRISTOFERITSCH, EuZW 2006, 428 (429).
[431] V. BREVERN, EWS 2005, 154 (156).
[432] EuGH, Rs. 52/84, Slg. 1986, 89, Kommission / Belgien, Rn. 14; EuGH, Rs. C-183/91, Slg. 1993, I-3131, Kommission / Griechenland, Rn. 10; EuGH, Rs. C-350/93, Slg. 1995, I-699, Kommission / Italien, Rn. 15.
[433] V. BREVERN, EWS 2005, 154 (157).
[434] Ebenda.
[435] *Monti*, The Community's State Aid Policy, Vortragsmanuskript vom 30.3.2000, veröffentlicht auf der Website der Generaldirektion Wettbewerb unter der Nr. Speech/00/113, 2.

II. Zivilrechtliche Folgen

Darüber hinaus stellt sich die, von den Europäischen Gerichten noch nicht geklärte Frage[436], ob der Erwerber des privatisierten Unternehmens einen vertraglichen Ausgleichsanspruch gegen den öffentlichen Veräußerer geltend machen kann. Dass solche Klauseln nicht nur hypothetischer Natur sind, zeigt sich wiederum am Fall „Bank Burgenland". Hier vereinbarte der Käufer (die GRAWE) mit dem Verkäufer (dem Land Burgenland), dass das Land der GRAWE einen eventuellen, durch die Kommission auferlegten Rückforderungsbetrag zu erstatten habe. Die Kommission sah darin eine Umgehung der Rückforderungsentscheidung, die der Gewährung einer neuen staatlichen Beihilfe gleichkäme und untersagte die Anwendung dieser Gewährleistungsklausel[437].

Unproblematisch ist dagegen die Vereinbarung eines Rechts zur Vertragsaufhebung für den Fall einer Beihilfenrückforderung. Ziel des Beihilfenrechts ist die Verhinderung und Beseitigung von Wettbewerbsverfälschungen. Wird jedoch die beihilfenbefangene Privatisierung wieder rückgängig gemacht, so besteht auch keine Wettbewerbsverzerrung mehr[438]. Allerdings wäre die vertragliche Vereinbarung eines solchen Rücktrittsrechts lediglich deklaratorischer Natur, denn ein entgegen dem Beihilfenverbot abgeschlossener Unternehmenskaufvertrag ist auch gemäß § 134 BGB i.V.m. den entsprechenden Beihilfenvorschriften des EGV nichtig. Dabei ist jedoch Art. 87 I EGV kein Verbotsgesetz i.S.d. § 134 BGB, da er in den Rechtsordnungen der Mitgliedstaaten nur dann unmittelbare Wirkung entfaltet, wenn diese Bestimmung durch eine Kommissionsentscheidung gemäß Art. 88 II konkretisiert wurde[439]. Das in Art. 88 III 3 EGV enthaltene Verbot der Durchführung beabsichtigter Beihilfemaßnahmen ist dagegen unmittelbar anwendbar[440]; es betrifft nach der Rechtsprechung des EuGH insbesondere jede Beihilfemaßnahme, die ohne die in Art. 88 III 1 EGV vorgeschriebene Notifizierung durchgeführt wird[441]. In solchen Fällen steht es den Parteien frei, die Nichtigkeitsfolge durch eine bereicherungsrechtliche Rückabwicklung eintreten zu lassen oder das

---

[436] SOLTÉSZ/SCHÄDLE, BB 2008, 510 (510).
[437] Entscheidung 2008/719/EG der Kommission, ABl. EU 2008, Nr. L 239, 32, Rn. 158 (Bank Burgenland) sowie bereits in der Entscheidung 97/242/EG der Kommission, ABl. EG 1997, Nr. L 96, 30, Art. 4 (Hytasa).
[438] KRISTOFERITSCH, EuZW 2006, 428 (431).
[439] BGH, EuZW 2003, 444 (445).
[440] EuGH, Rs. 120/73, Slg. 1973, 1471, Lorenz GmbH / Deutschland, Rn. 8; BGH, EuZW 2003 444 (445); LÜBBIG/MARTÍN-EHLERS, Beihilfenrecht der EU, 17, Rn. 40.
[441] BGH, EuZW 2003, 444 (445).

Rechtsgeschäft durch Rückzahlung der Beihilfe gemäß § 141 BGB zu bestätigen. Letzteres dürfte im Hinblick auf den Verwaltungs- und Kostenaufwand wohl die zu favorisierende Lösung sein.

Da unterlegene Bieter über das Beihilfenrecht keine dem Vergaberecht entsprechenden subjektiven Rechte (§ 97 VII GWB) geltend machen können, sieht *Jaeger* in der Vertragsnichtigkeit bei Verstößen gegen das Durchführungsverbot zu Recht die Angriffswaffe der Zivilrechtsdurchsetzung des Beihilfeverbots[442]. In diesem Punkt ist der, zumindest indirekte Rechtsschutz nicht berücksichtigter Interessenten sogar noch weitergehend als der im Vergaberecht: Während gemäß § 114 II GWB ein einmal erteilter Zuschlag nicht mehr aufgehoben werden kann, besteht im Beihilfenrecht durchaus die Möglichkeit, dass die Kommission die Rückabwicklung der Transaktion anordnet[443]. Dies bedeutet jedoch nicht, dass unterlegene Bieter dadurch das Recht erhalten, eine erneute Ausschreibung zu verlangen. Sollte die öffentliche Hand nicht von sich aus das Bieterverfahren wiederholen, bleiben übergangenen Bietern nur schwer durchsetzbare Schadensersatzforderungen, da sich ein konkreter Schaden kaum beziffern lässt. Allenfalls kann ein Ersatz der Aufwendungen für die Erstellung des Angebots verlangt werden (negatives Interesse), da mit Übersendung des Verkaufsmemorandums ein vorvertragliches Schuldverhältnis i.S.d. §§ 311 II, 280 I, 241 II BGB entstanden ist (ehemals culpa in contrahendo)[444].

Auch wenn der Nutzen eines solchen „beihilferechtsgestützten Angriffs" für Dritte regelmäßig gering sein dürfte, so ist der Schaden für den öffentlichen Veräußerer doch immens. Dies gilt umso mehr, als dass sich ein solcher Angriff ohne große Kosten durch eine einfache Benachrichtigung der Kommission durchführen lässt.

III. Vertragsverletzungsverfahren und Zwangsgeld

Kommt ein Mitgliedstaat der Entscheidung der Kommission, die Beihilfe zurückzufordern, nicht rechtzeitig oder vollständig nach, so kann die Kommission gemäß Art. 88 II 2 EGV eine Klage beim EuGH einreichen, mit der ein Vertragsverletzungsverfahren gegen den Mitgliedstaat eingeleitet wird. Art. 226 EGV wird insofern modifiziert, als dass die Kommission nicht verpflichtet ist, dem Staat zuvor Gelegenheit zur Äußerung zu

---

[442] *Jaeger*, EuZW 2007, 499 (500).
[443] *Gabriel/Prieß*, NZBau 2007, 617 (622).
[444] *Eggers/Malmendier*, NJW 2003, 780 (786).

geben, da im vorangegangenen Beihilfeprüfungsverfahren ausreichend Gelegenheit für eine solche Stellungnahme bestand.

Sollte der EuGH die Gemeinschaftsrechtswidrigkeit der gewährten Beihilfe bestätigen, ohne dass der Mitgliedstaat der Verpflichtung zur Rückforderung nachkommt, so hat die Kommission die Möglichkeit, den Staat gemäß Art. 228 EGV auf Zahlung eines Zwangsgeldes für die Dauer der Zuwiderhandlung zu verklagen[445]. Dieses kann für die Bundesrepublik bis zu 914.400 Euro pro Tag betragen[446].

---

[445] V. BREVERN, EWS 2005, 154 (159).
[446] CREMER in: Calliess/Ruffert, EUV/EGV, Art. 228 EGV, Rn. 11.

H. Fazit und Ausblick

Ausschreibungspflichten bei der Veräußerung staatlichen Vermögens können sich aus verschiedenen Rechtsgebieten ergeben. Von praktischer Relevanz sind dabei vor allem das Vergabe- und das EG-Beihilfenrecht.

Aufgrund des fehlenden Beschaffungsbezuges ist das Vergaberecht auf bloße formelle Privatisierungen sowie auf reine Geschäftsanteils- bzw. Unternehmensverkäufe nicht anwendbar. Dies gilt jedoch nicht, wenn mit der Geschäftsanteilsveräußerung bzw. der Gründung einer gemischtwirtschaftlichen Gesellschaft zugleich öffentliche Aufträge auf den oder die neuen, privaten Gesellschafter übergehen. In solchen Fällen ist spätestens seit der „Stadt Mödling" Entscheidung des EuGH eine Ausschreibung nach dem Vergaberecht zwingend erforderlich, wenn zwischen Auftragserteilung und Anteilsveräußerung ein enger zeitlicher und/oder sachlicher Zusammenhang besteht. Wie weit ein solcher Zusammenhang reicht, ist allerdings noch nicht endgültig geklärt. Fest steht zumindest, dass der Gerichtshof hierbei im Laufe der Rechtsprechung eine immer strengere Haltung eingenommen hat. Veräußerungswilligen Kommunen kann daher nur empfohlen werden, jegliche Anteilsveräußerung mit eingekapselten öffentlichen Aufträgen, deren Wert oberhalb der jeweils gültigen Schwellenwerte liegt, im Wege eines förmlichen Vergabeverfahrens nach den §§ 97 ff. GWB zu gestalten. Dafür spricht nicht zuletzt die Tatsache, dass dem Schutz nicht berücksichtigter Interessenten im Kartellvergaberecht ein hoher Stellenwert eingeräumt ist. Eine Missachtung vergaberechtlicher Vorschriften würde deshalb unweigerlich zu zeit- und kostspieligen gerichtlichen Nachprüfungsverfahren führen.

Aber auch außerhalb des klassischen Vergaberechts existiert aufgrund der Ausstrahlung der europäischen Grundfreiheiten ein Vergaberegime. Dessen Konturen sind jedoch noch in großen Teilen unklar. Anhaltspunkte dazu lassen sich den Entscheidungen und Mitteilungen der Europäischen Kommission entnehmen, in denen es um die Gewährung von Beihilfen im Rahmen von Privatisierungen geht. Danach schließt eine Anteilsveräußerung über die Börse oder in einem offenen, transparenten und bedingungsfreien Bieterverfahren die Gewährung solcher Beihilfen grundsätzlich aus. Diese Kriterien stehen in engem Zusammenhang mit den Grundfreiheiten des EG-Vertrages und den Europäischen Grundrechten.

Da die Entscheidungspraxis der Kommission gerade im Bereich der strukturierten Bieterverfahren nicht immer ganz konsequent und stark auf den jeweiligen Einzelfall bezogen ist, kann sich hier nur der Meinung vieler Autoren angeschlossen werden, wonach die Veräußerung öffentlicher

Unternehmensanteile am besten in einem dem Vergaberecht angelehnten Verfahren durchzuführen ist[447]. In Betracht kommen dabei insbesondere das Verhandlungsverfahren mit vorheriger Bekanntmachung (§ 101 IV GWB) bzw. der wettbewerbliche Dialog (§ 101 V GWB).

Auch wenn im Rahmen des Primärrechts nicht das selbe Vergaberegime wie im Geltungsbereich der Vergaberichtlinien anzuwenden ist, bietet diese Anlehnung an das Vergaberecht doch einen entscheidenden Vorteil: Ein solches, sich am strengen Vergaberecht orientierendes Verfahren dürfte in aller Regel gewährleisten, dass auch den Ausschreibungspflichten anderer Rechtsgebiete, wie dem Verfassungs- oder Haushaltsrecht sowie dem kartellrechtlichen Diskriminierungsverbot entsprochen wird. Wenngleich diese Vorgehensweise kurzfristig mit einem erheblichen bürokratischen Aufwand verbunden ist, so gewährt sie doch ein großes Maß an Rechtssicherheit und Schutz vor unliebsamen Überraschungen im Nachgang der erfolgten Privatisierung.

Mit Spannung bleibt abzuwarten, ob das Europäische Gericht 1. Instanz in der Rechtssache Land Burgenland bzw. GRAWE gegen die Europäische Kommission[448] eine ähnlich strenge Haltung wie die hier vertretene einnimmt.

---

[447] *Braun*, VergabeR 2006, 657 (667); *Dietlein*, NZBau 2004, 472 (479); *Klein*, VergabeR 2005, 22 (31); *Schimanek*, NZBau 2005, 304 (309 f).
[448] Rs. T-281/08, Land Burgenland / Kommission, Rs. T-282/08, GRAWE / Kommission, ABl. EU 2008, Nr. C 247, 16.

Literaturverzeichnis

ARHOLD, CHRISTOPH	Globale Finanzkrise und europäisches Beihilfenrecht, EuZW 2008, 713 ff.
ARLT, ANNETT	Die Umsetzung der Vergabekoordinierungsrichtlinien in Deutschland, VergabeR 2007 Sonderheft 2a, 280 ff.
BERGER, HENNING	Die Ausschreibungspflicht bei der Veräußerung von Unternehmensanteilen durch kommunale Körperschaften, ZfBR 2002, 134 ff.
BLAUFUß, JÖRG / HEIERMANN, WOLFGANG / KULLACK, ANDREA MARIA / ZEISS, CHRISTOPHER	juris Praxiskommentar Vergaberecht, 1. Auflage, juris GmbH, Saarbrücken, 2005, zitiert: BEARBEITER in: jurisPK-VergR, § ..., Rn. ...
BRAUN, CHRISTIAN	Ausschreibungspflichtigkeit des Verkaufs von Geschäftsanteilen, VergabeR 2006, Sonderheft 4a, 657 ff.
DERS.	Europarechtlicher Vergaberechtsschutz unterhalb der Schwellenwerte, VergabeR 2007, 17 ff.
V. BREVERN, DANIEL	Die Umsetzung von Beihilfe-Rückforderungsentscheidungen der Kommission, EWS 2005, 154 ff.
BURGI, MARTIN	Kommunales Privatisierungsfolgenrecht: Vergabe, Regulierung und Finanzierung, NVwZ 2001, 601 ff.
DERS.	Der Verwaltungsvertrag im Vergaberecht, NZBau 2002, 57 ff.
DERS.	Warum die „kommunale Zusammenarbeit" kein vergaberechtspflichtiger Beschaffungsvorgang ist, NZBau 2005, 208 ff.
DERS.	Die Vergabe von Dienstleistungskonzessionen: Verfahren, Vergabekriterien, Rechtsschutz, NZBau 2005, 610 ff.
DERS.	Vergaberechtliche Probleme der Privatfinanzierung von Fernstraßen, DVBl 2007, 649 ff.
BYOK, JAN	Die Entwicklung des Vergaberechts seit 1999, NJW 2001, 2295 ff.

BYOK, JAN / JAEGER, WOLFGANG (HRSG.)	Kommentar zum Vergaberecht, 2. Auflage, Verlag Recht und Wirtschaft GmbH, Frankfurt am Main, 2005, zitiert: BEARBEITER in: Byok/Jaeger, Kommentar zum Vergaberecht, § ..., Rn. ...
CALLIESS, CHRISTIAN / RUFFERT, MATTHIAS	EUV, EGV – Das Verfassungsrecht der Europäischen Union mit Europäischer Grundrechtecharta, 3. Auflage, Verlag C. H. Beck, München, 2007, zitiert: BEARBEITER in: Calliess/Ruffert, EUV/EGV, Art. ..., Rn. ...
DIETLEIN, JOHANNES	Anteils- und Grundstücksveräußerungen als Herausforderung für das Vergaberecht, NZBau 2004, 472 ff.
DREHER, MEINRAD	Rechtsschutz nach Zuschlag, NZBau 2001, 244 ff.
DERS.	Die Privatisierung bei Beschaffung und Betrieb der Bundeswehr - Zugleich ein Beitrag zur Frage der vergaberechtlichen Privilegierung so genannter In-house-Lösungen, NZBau 2001, 360 ff.
DERS.	Public Private Partnerships und Kartellvergaberecht - Gemischtwirtschaftliche Gesellschaften, In-house-Vergabe, Betreibermodell und Beleihung Privater, NZBau 2002, 245 ff.
DERS.	Das Verhältnis von Kartellvergabe- und Zuwendungsrecht - Ausschreibungsfreiheit oder Ausschreibungspflicht bei zuwendungsmitfinanzierten In-house-Vergaben? - Teil 1, NZBau 2008, 93 ff.
DREIER, HORST (HRSG.)	Grundgesetz Kommentar, Band I, 2. Auflage, Mohr Siebeck, Tübingen, 2004, zitiert: BEARBEITER in: Dreier, Grundgesetz-Kommentar, Bd. 1, Art. ..., Rn. ...
DRÜGEMÖLLER, ALBERT / CONRAD, SEBASTIAN	Anteilsverkauf und De-facto-Vergabe öffentlicher Aufträge, ZfBR 2008, 651 ff.
EGGERS, CARSTEN / MALMENDIER, BERTRAND	Strukturierte Bieterverfahren der öffentlichen Hand – Rechtliche Grundlagen, Vorgaben an Verfahren und Zuschlag, Rechtsschutz, NJW 2003, 780 ff.
ENDLER, JAN	Privatisierungen und Vergaberecht, NZBau 2002, 125 ff.
FISCHER, HANS GEORG	Öffentliche Aufträge im Spannungsfeld zwischen Vergaberecht und europäischen Beihilfenrecht, VergabeR 2004, 1 ff.

FRENZ, WALTER	Handbuch Europarecht, Band 3, Beihilfe- und Vergaberecht, 1. Auflage, Springer-Verlag, Berlin, Heidelberg, 2007, zitiert: Handbuch Europarecht
DERS.	Vergaberecht und institutionalisierte PPP, NZBau 2008, 673 ff.
FRIEDMAN, MILTON	Kapitalismus und Freiheit, 4. Auflage, Piper Verlag GmbH, München, 2007, zitiert: Kapitalismus und Freiheit
FUCHS, CLAUDIA / HOLOUBEK, MICHAEL / WEINHANDL, MARTINS	Vergaberecht, 1. Auflage, Springer-Verlag, Wien, 2005, zitiert: Vergaberecht
GABRIEL, MARC	Die Kommissionsmitteilung zur öffentlichen Auftragsvergabe außerhalb der EG-Vergaberichtlinien, NVwZ 2006, 1262 ff.
GABRIEL, MARC / PRIEß, HANS-JOACHIM	M&A-Verfahrensrecht – EG-rechtliche Verfahrensvorgaben bei staatlichen Beteiligungsveräußerungen, NZBau 2007, 617 ff.
GROEBEN, HANS VON DER / SCHWARZE, JÜRGEN	Kommentar zum Vertrag über die Europäische Union und zur Gründung der Europäischen Gemeinschaft, 6. Auflage, Nomos Verlagsgesellschaft, Baden-Baden, 2003, zitiert: BEARBEITER in: von der Groeben/Schwarze, Kommentar zum EU-/EG-Vertrag, Art. ..., Rn. ...
GROß, THOMAS	Exekutive Vollzugsprogrammierung durch tertiäres Gemeinschaftsrecht? DÖV 2004, 20 ff.
GROTELÜSCHEN, HENNING / LÜBBEN, NATALIE	Einheitliche Maßstäbe für die vergaberechtliche Infizierung von Veräußerungsgeschäften der öffentlichen Hand, VergabeR 2008, 169 ff.
HEIDENHAIN, MARTIN	Handbuch des Europäischen Beihilfenrechts, 1. Auflage, Verlag C. H. Beck, München, 2003, zitiert: BEARBEITER in: Heidenhain, Handbuch des Europäischen Beihilfenrechts, § ..., Rn. ...
HERTWIG, STEFAN	Ist der Zuschlag ohne Vergabeverfahren nichtig? NZBau 2001, 241 ff.
HEUVELS, KLAUS / KAISER, CHRISTOPH	Die Nichtigkeit des Zuschlags ohne Vergabeverfahren, NZBau 2001, 479 ff.

HOPPE, WERNER / UECHTRITZ, MICHAEL (HRSG.)	Handbuch Kommunale Unternehmen, 2. Auflage, Verlag Dr. Otto Schmidt, Köln, 2007, zitiert: *BEARBEITER* in: Hoppe/Uechtritz, Handbuch Kommunale Unternehmen
HÜSER, CHRISTIAN	Ausschreibungspflichten bei der Privatisierung öffentlicher Aufgaben – Eine Analyse des sachlichen Anwendungsbereichs des Kartellvergaberechts, Diss., Duncker & Humblot GmbH, Berlin, 2005, zitiert: Ausschreibungspflichten bei der Privatisierung öffentlicher Aufgaben
IMMENGA, ULRICH / MESTMÄCKER, ERNST-JOACHIM	Wettbewerbsrecht – Band 2 – GWB – Kommentar zum Europäischen Kartellrecht, 4. Auflage, Verlag C. H. Beck, München, 2007, zitiert: *BEARBEITER* in: Immenga/Mestmäcker, Wettbewerbsrecht GWB, § ..., Rn. ...
JAEGER, THOMAS	Gemeinschaftsrechtliche Probleme einer Privatisierung, EuZW 2007, 499 ff.
DERS.	Neue Parameter für Privatisierungen? – Die Entscheidung Bank Burgenland der Kommission, EuZW 2008, 686 ff.
JAEGER, WOLFGANG	Public Private Partnership und Vergaberecht, NZBau 2001, 6 ff.
JASPER, UTE / ARNOLD, HANS	Die Ausschreibungspflicht im Fall der „Stadt Mödling", NZBau 2006, 24 ff.
JENNERT, CARSTEN	Public Private Partnership in der Wasserversorgung und Vergaberecht, WRP 2004, 1011 ff.
KLEIN, SEBASTIAN	Veräußerung öffentlichen Anteils- und Grundstücksvermögens nach dem Vergaberecht, VergabeR 2005, 22 ff.
KNAUFF, MATTHIAS	Im wettbewerblichen Dialog zur Public Private Partnership? NZBau 2005, 249 ff.
KOENIG, CHRISTIAN / HARATSCH, ANDREAS	Grundzüge des deutschen und des europäischen Vergaberechts, NJW 2003, 2637 ff.
KRISTOFERITSCH, HANS	Eine „vergaberechtliche Interpretation" des Bietverfahrens bei Privatisierungen? - Zum Rechtsschutz für unterlegene Bieter in Privatisierungsverfahren, EuZW 2006, 428 ff.

KRUSE, EBERHARD	Privatisierungszwang für notleidende öffentliche Unternehmen? EWS 2005, 66 ff.
KRUTISCH, DOMINIC	Materielle Privatisierung – Wann unterliegen Veräußerungen von Geschäftsanteilen dem Vergaberecht? NZBau 2003, 650 ff.
KÜHLING, JÜRGEN	Ausschreibungszwänge bei der Gründung gemischtwirtschaftlicher Gesellschaften – Das EuGH-Urteil im Fall Mödling und seine Folgen, ZfBR 2006, 661 ff.
KULARTZ, HANS-PETER / KUS, ALEXANDER / PORTZ, NORBERT	Kommentar zum GWB-Vergaberecht, 1. Auflage, Werner Verlag, Neuwied, 2006, zitiert: *BEARBEITER* in: Kulartz/Kus/Portz, Kommentar zum GWB-Vergaberecht, § ..., Rn. ...
LÜBBIG, THOMAS / MARTÍN-EHLERS, ANDRÉS	Beihilfenrecht der EU, Das Recht der Wettbewerbsaufsicht über staatliche Beihilfen in der Europäischen Union, 1. Auflage, Verlag C. H. Beck, München, 2003, zitiert: Beihilfenrecht der EU
LUTZ, MARTIN	Die Mitteilung der Europäischen Kommission zur Vergabe von Aufträgen, die nicht unter die europäischen Vergaberichtlinien fallen, VergabeR 2007, Sonderheft 2a, 372 ff.
MASING, TOBIAS	Die Beteiligung Privater an kommunalen Gesellschaften und das öffentliche Vergaberecht, ZfBR 2002, 450 ff.
MESTMÄCKER, ERNST-JOACHIM / SCHWEITZER, HEIKE	Europäisches Wettbewerbsrecht, 2. Auflage, Verlag C. H. Beck, München, 2004, zitiert: *MESTMÄCKER / SCHWEITZER*, Europäisches Wettbewerbsrecht, § ..., Rn. ...
MÜLLER, HERRMANN / VEIL, WINFRIED	Wettbewerblicher Dialog und Verhandlungsverfahren im Vergleich, VergabeR 2007, 298 ff.
MÜLLER-WREDE, MALTE / KAELBLE, HENDRIK	Primärrechtsschutz, Vorabinformation und die Rechtsfolgen einer De-facto-Vergabe, VergabeR 2002, 1 ff.
NOCH, RAINER	Vergaberecht kompakt, 3. Auflage, Werner Verlag, München, 2005, zitiert: Vergaberecht kompakt
OTTING, OLAF	Privatisierung und Vergaberecht, VergabeR 2002, 11 ff.
PRIEß, HANS-JOACHIM	Das Vergaberecht in den Jahren 1999 und 2000, EuZW 2001, 365 ff.

REIDT, OLAF / STICKLER, THOMAS / GLAHS, HEIKE	Vergaberecht – Kommentar, 2. Auflage, Verlag Dr. Otto Schmidt, Köln, 2003, zitiert: BEARBEITER in: Reidt/Stickler/Glahs, Vergaberecht – Kommentar, § ..., Rn. ...
SCHIMANEK, PETER	Die Ausschreibungspflicht von Privatisierungen, NZBau 2005, 304 ff.
SCHMIDT-BLEIBTREU, BRUNO / HOFMANN, HANS / HOPFAUF, AXEL	GG – Kommentar zum Grundgesetz, 11. Auflage, Carl Heymanns Verlag, Köln, 2008, zitiert: BEARBEITER in: Schmidt-Bleibtreu/Hofmann/Hopfauf, Kommentar zum GG, Art. ..., Rn. ...
SCHNIEDERS, RALF	Die kleine Vergabe, DVBl 2007, 287 ff.
SCHRÖDER, HOLGER	Vergaberechtliche Probleme bei der Public-Private-Partnership in Form der gemischtwirtschaftlichen Unternehmung, NJW 2002, 1831 ff.
SIEGEL, THORSTEN	Die Grundfreiheiten als Auffangordnung im europäischen und nationalen Vergaberecht, EWS 2008, 66 ff.
SOLTÉSZ, ULRICH / BIELESZ, HOLGER	Privatisierungen im Licht des Europäischen Beihilferechts - Von der Kommission gerne gesehen - aber nicht um jeden Preis, EuZW 2004, 391 ff.
SOLTÉSZ, ULRICH	Beihilferecht als Privatisierungsbremse! EuZW 2008, 353 ff.
SOLTÉSZ, ULRICH / SCHÄDLE, ANNE	Wirksamkeit von beihilferechtlichen Haftungsklauseln in M&A-Transaktionen, BB 2008, 510 ff.
STOBER, ROLF	Privatisierung öffentlicher Aufgaben – Phantomdiskussion oder Gestaltungsoption in einer verantwortungsgeteilten, offenen Wirtschafts-, Sozial- und Sicherheitsverfassung? NJW 2008, 2301 ff.
TUGENDREICH, BETTINA / MEIßNER, JÖRG	M&A-Bieterverfahren im Korsett des Vergaberechts – Rechtliche Besonderheiten und Ablauf eines Unternehmenskaufs im Rahmen eines formellen Vergabeverfahrens, M&A Review 2007, 24 ff.
WELLMANN, SUSANNE RACHEL	Nochmals: Anforderungen an die Ausschreibung von Privatisierungsgestaltungen in der öffentlichen Entsorgungswirtschaft, NZBau 2002, 431 ff.
WILLENBRUCH, KLAUS (HRSG.) / BISCHOFF, KRISTINA	Kompaktkommentar Vergaberecht, 1. Auflage, Werner Verlag, Köln, 2008, zitiert: BEARBEITER in: Willenbruch / Bischoff, Kompaktkommentar Vergaberecht, § ..., Rn. ...

ZENTNER, CHRISTIAN	Die Bedeutung der Beihilfevorschriften des EG-Vertrages für die Vermögensprivatisierung, Diss., Peter Lang GmbH, Frankfurt/Main, 2008, zitiert: Die Bedeutung der Beihilfevorschriften für die Vermögensprivatisierung
ZIEKOW, JAN	In-House-Geschäfte – werden die Spielräume enger? VergabeR 2006, Sonderheft 4a, 608 ff.

Verzeichnis der nicht im Amtsblatt veröffentlichten Mitteilungen der Europäischen Kommission und der Äußerungen einzelner Kommissionsmitglieder

XXI. Bericht über die Wettbewerbspolitik 1991, Kommission der Europäischen Gemeinschaften, Brüssel, Luxemburg, 1992, zitiert: XXI. Bericht über die Wettbewerbspolitik 1991

XXII. Bericht über die Wettbewerbspolitik 1992, Kommission der Europäischen Gemeinschaften, Brüssel, Luxemburg, 1993, zitiert: XXII. Bericht über die Wettbewerbspolitik 1992

XXIII. Bericht über die Wettbewerbspolitik 1993, Kommission der Europäischen Gemeinschaften, Brüssel, Luxemburg, 1994, KOM(1994) 161 endg., zitiert: XXIII. Bericht über die Wettbewerbspolitik 1993

Bericht über die Wettbewerbspolitik 2006, Amt für amtliche Veröffentlichungen der Europäischen Gemeinschaften, Luxemburg, 2007, zitiert: Bericht über die Wettbewerbspolitik 2006

Grünbuch der Kommission zu öffentlich-privaten Partnerschaften und den gemeinschaftlichen Rechtsvorschriften für Aufträge und Konzessionen, KOM(2004) 327 endg.

Mitteilung der Kommission zu Auslegungsfragen in Bezug auf die Anwendung der gemeinschaftlichen Rechtsvorschriften für öffentliche Aufträge und Konzessionen auf institutionalisierte Öffentlich Private Partnerschaften, C(2007)6661

Bericht der Kommission, Anzeiger für staatliche Beihilfen – Herbstausgabe 2008, KOM(2008) 751 endg.

Verzeichnis der Internetquellen

Entscheidung der Kommission im Verfahren N 804/2000, SG (2001) D/ 289319 (GSG)
Fundstelle: Internetseite der Europäischen Kommission unter http://ec.europa.eu/community_law/state_aids/comp-2000/n804-00.pdf

***Monti*, The Community's State Aid Policy, Vortragsmanuskript vom 30.3.2000**
Fundstelle: Internetseite der Generaldirektion Wettbewerb unter der Nr. Speech/00/113, 2
http://europa.eu/rapid/pressReleasesAction.do?reference=SPEECH/00/113&format=HTML&aged=0&language=EN&guiLanguage=en

Printed in Germany
by Amazon Distribution
GmbH, Leipzig